AMÉNAGER LES
PETITS JARDINS

ROY STRONG

AMÉNAGER LES PETITS JARDINS

TRADUIT DE L'ANGLAIS PAR
SOPHIE BRUN

CHÊNE

Le présent ouvrage succède à L'Art des petits jardins *et, dans une certaine mesure, le complète. Comme son prédécesseur, il s'intéresse tout particulièrement au design et constitue un guide plus que nécessaire à l'intention de ceux qui désirent aménager un jardin de taille restreinte. Pour le réaliser, je me suis largement inspiré des conseils et des connaissances de David Joyce en matière d'horticulture. Enfin, je tiens à remercier Christine Robbins et Sally Hynard pour leurs illustrations non seulement pertinentes et pratiques, mais aussi fort agréables à regarder.*

Roy Strong

Avant-titre : La luxuriance de la végétation adoucit l'austérité des lignes et des formes sans nuire à la structure du jardin.
Frontispice : Comme le démontre cet exemple de petit jardin, de nombreux éléments contribuent à la qualité du design. La répartition intelligente des espaces se voit soulignée par un dénivelé léger, mais bien pensé.

ISBN 2. 85108. 559. X

Dépôt légal : 2455 - mai 1989
Imprimé à Hong Kong.

TABLE DES MATIÈRES

INTRODUCTION

Jusqu'à présent, personne n'avait encore consacré d'étude au design du petit jardin. Le plus proche dans le temps, *Gardens for Small Country Houses,* écrit par Gertrude Jekyll et Laurence Weaver, date de 1912. Cette constatation donne à penser que, déjà à cette époque, les beaux jours des grands jardins à la campagne touchaient à leur fin. À la suite de la Grande Guerre, les jardins se rétrécirent à cinq mille mètres carrés ou un hectare tandis que, parallèlement, les rangs des jardiniers se clairsemaient. Mais, qui aurait pu prévoir qu'après la Seconde Guerre mondiale, ces derniers deviendraient des spécimens rares et que le jardinage sombrerait dans les oubliettes ?

S'ouvrait l'ère des maisons occupées par leurs propriétaires et des petits jardins, phénomène symptomatique d'une société en mal d'égalitarisme. Malheureusement, la tradition d'architecture en matière d'horticulture demeura à la traîne, le « design » étant considéré comme le privilège des détenteurs de grandes parcelles. Cependant, ce serait une erreur de laisser disparaître un art aussi important et passionnant que le jardinage.

Pour la plupart, nous habitons des pavillons séparés, jumelés ou alignés, et disposons de petits jardins autour ou devant et derrière notre maison. De ce fait, l'aménagement de ces surfaces réduites revêt un intérêt tout particulier, surtout maintenant que de plus en plus de gens prennent conscience de l'influence du design sur la qualité de vie. Pour ma part, je déplore que si peu de manuels aient paru sur le sujet pour guider tous ceux qui désirent transformer leur jardin. Pourtant, en ce qui concerne l'architecture d'intérieur, magazines spécialisés et grands magasins d'ameublement vendant papiers et étoffes coordonnés ne manquent pas. En revanche, la majorité des centres de jardinage n'aide en rien sa clientèle, pas plus que les revues qui se soucient beaucoup trop des plantes rares ou des problèmes d'horticulture.

Alors, nous nous retrouvons livrés à nous-mêmes. De multiples possibilités s'offrent aux personnes à qui l'imagination permet de faire fi des clichés habituels, de se débarrasser de la puissante philosophie du design prônée dans les années cinquante, qui exaltait les vertus du style paysager du XVIIIe siècle, la netteté de ses ondulations et de ses courbes, sa débauche d'arbres et d'arbustes, son déploiement d'allées sinueuses, de lacs et d'étangs aux formes non moins tortueuses. Avec trente ans de recul, nous pouvons juger des conséquences désastreuses de ces théories sur la plupart des jardins de banlieue et constater que ce qui convient parfaitement à un parc de cinquante hectares entourant un manoir palladien donne, en miniature, de ridicules répliques. Capability Brown se retournerait dans sa tombe s'il voyait comment ont été interprétés ses principes !

Néanmoins, afin de mieux comprendre le design des jardins, un retour vers le passé était nécessaire. Voilà pourquoi, sciemment, je me suis inspiré pour réaliser cet ouvrage d'une tradition vieille de quatre siècles. Durant de longues heures, j'ai consulté les vieux livres de collection traitant des jardins de l'époque ou ceux, plus récents, étudiant des jardins à l'ancienne. J'y ai puisé une foule d'idées, notamment sur la façon de concevoir un kiosque ou un parterre, de conduire une plante pour lui donner des formes originales... Ainsi, j'ai réussi à dresser un échantillon des options utilisées à travers les âges et faciles à adapter aux superficies bien plus restreintes d'aujourd'hui. N'en concluez pas pour autant que j'ai abordé le sujet à la manière d'un archéologue ! Non, j'ai tenu compte des impératifs contemporains et les exemples présentés dans ce recueil n'ont absolument rien d'archaïque.

Il existe plusieurs sortes d'éléments de décoration : coûteux ou non, produisant un effet immédiat ou à long terme. Un mur en pierre ou un belvédère supposent un lourd investissement financier, mais vous donneront satisfaction instantanément et pour longtemps. En revanche, une pergola ou une tonnelle nécessitent des matériaux peu onéreux : quelques poteaux en mélèze et du treillis. D'allure élégante, elles ne constituent cependant qu'une solution transitoire. Une belle statue ou tout autre ornement procurent un plaisir de l'œil immédiat, personnalisent aussitôt un jardin, tandis que certains éléments de design présentent des difficultés d'horticulture et exigent beaucoup de patience. Il vous faudra, par exemple, attendre une dizaine d'années pour voir votre haie d'ifs atteindre sa maturité, et autant de temps pour parvenir à conduire une plante comme vous l'entendez. Quoi qu'il en soit, quand vos efforts auront porté leurs fruits, vous aurez créé un jardin unique, digne de votre fierté. De toute façon, le seul fait de jardiner vous aura fait découvrir des joies insoupçonnées.

Une question se pose : comment commencer ? Problème incontournable qui a déterminé la structure de cet ouvrage. Prenons l'exemple du novice qui souhaite un jardin beau et original, un jardin qui reflète bien sa personnalité. L'entreprise lui paraîtra parfois décourageante (encore qu'elle se révèle souvent enthousiasmante).

Aménager les petits jardins suit le cheminement du jardinier débutant. Tout d'abord, il explique comment dessiner un plan de base afin d'organiser l'espace disponible. Ensuite, il considère les voies d'accès, les entrées, les subdivisions au moyen de clôtures, de haies et de murs, caractéristiques qui ont trait essentiellement à la structure du jardin. Dans chacun des chapitres suivants, il décrit les divers éléments d'ornement — conteneurs, pergolas, tonnelles et arches —, la manière de conduire des arbres fruitiers, de disposer les bacs... En conclusion, figure une liste exhaustive de suggestions de plantations.

Mais, revenons à la question essentielle, à savoir : par où commencer ? Au départ, utilisez ce qui existe déjà. Contemplez le jardin depuis les fenêtres de l'étage ou de la terrasse et analysez avec précision ce que vous voyez. Si vous possédez un appareil photographique, n'hésitez pas à prendre des clichés et à faire tirer des agrandissements. Un bon conseil : répétez l'opération à chaque saison ! Pour débuter, posez-vous les questions les plus simples. Le spectacle de votre jardin vous satisfait-il ? Vous semble-t-il intéressant à regarder ou ennuyeux ? Éprouvez-vous une attirance ou une répulsion instinctive à l'égard de certains éléments qui le composent ? Avez-vous, par exemple, une irrésistible envie de vous précipiter dehors, armé d'une hache, et d'abattre un hêtre rouge dont le feuillage sombre confère un air de tristesse au jardin ? Autant d'interrogations auxquelles il vous faudra répondre. Autre recommandation précieuse : effectuez grosso modo un croquis du jardin, prenez toutes les mesures, relevez chaque détail et transcrivez-le, à une échelle réduite, sur une feuille de papier quadrillé. À l'aide d'un crayon d'une couleur différente, notez ce qui vous déplaît, ce que vous projetez de supprimer.

Pour compléter cet examen des lieux, faites le tour du jardin, puis postez-vous derrière chacune des fenêtres donnant sur votre terrain. Si celui-ci se trouve devant la maison, sortez des limites de votre propriété et observez-le sous divers angles. Il se peut que votre jardin serve de faire-valoir à un point de vue particulièrement beau : une vieille chapelle, un verger...

Allié inestimable, l'appareil photographique vous permettra de suivre l'évolution de votre œuvre sur plusieurs années. Et pourquoi ne pas constituer un fichier où vous conserverez tous les documents relatifs au jardinage, depuis les plans jusqu'aux factures des pépiniéristes ? Ainsi, vous pourrez constater les progrès, les transformations. Car, rappelez-vous : il s'agit d'une affaire de longue haleine ! Le passionné, quant à lui, pourra tenir à jour (même irrégulièrement) un livre de jardin où il consignera, saison après saison, les conditions climatiques et leurs répercussions sur les plantations. À mesure que vous vous rapprocherez du but, ce dossier s'épaissira et, même si vous devez déménager, il conservera une trace de cette expérience sur laquelle vous aurez plaisir à méditer.

Au cours de cette phase préliminaire, il importe de noter la trajectoire du soleil ainsi que les courants d'air prédominants. L'étude devra s'étendre sur toute une année car l'intensité de l'ombre varie selon les saisons. Soleil, luminosité et nature du sol déterminent le type de plantation. (Les centres de jardinage vendent le matériel nécessaire à l'analyse du sol. Vous n'aurez aucun mal à évaluer le taux d'humidité. En revanche, pour juger du degré d'acidité, il vous faudra avoir recours à des produits chimiques. Les résultats de ces tests influenceront le choix des plantes et leur rythme de croissance.)

Lorsque vous connaîtrez l'ensoleillement de votre jardin, vous serez mieux à même de fixer l'emplacement du kiosque ou de la tonnelle, l'orientation des arbres fruitiers et, dans le cas des plantes aimant le soleil, la disposition des massifs. Les parties les plus sombres conviendront aux arbustes et aux végétaux capables de supporter l'ombre. Préférez ceux dont le feuillage pâle ou les fleurs blanches et crème ajouteront une note de gaieté. Par ailleurs, ayez soin d'examiner votre jardin après une forte pluie. Si la terre

reste trop longtemps détrempée, vous devrez installer un système de drainage.

À présent, nous abordons le chapitre du style et de l'aménagement du jardin. À vous de décider si l'espace disponible vous permet de partager la superficie en plusieurs parcelles et, le cas échéant, ce que chacune d'elles contiendra. Encore une fois, dessinez un plan.

Ensuite seulement, vous vous intéresserez au design. Classicisme et symétrie ou bien fantaisie ? Là aussi, votre choix devra être dicté par la surface dont vous disposez car, méfiez-vous ! l'association de deux styles différents dans un espace restreint ne peut que donner des résultats désastreux.

Au moment de concevoir votre jardin, n'hésitez pas à vous lancer à l'aventure avec enthousiasme, mais sans précipitation. Sachez faire preuve de hardiesse et ne vous laissez jamais décourager par vos amis s'ils vous disent que vous ne vivrez pas assez longtemps pour profiter des fruits de vos efforts. Ne vous privez pas du plaisir de créer !

Peut-être préférerez-vous un jardin n'exigeant pas trop d'entretien et dont les plantes poussent toutes seules. Quoi de plus normal ? Tout le monde n'a pas le loisir de consacrer des heures entières au jardinage. De tout temps, le design a permis de composer des jardins magnifiques à partir des éléments les plus simples. Une cour pavée, par exemple, ornée de bacs et entourée d'une haie persistante bien taillée. Un jardin n'est pas obligatoirement plus beau parce qu'il ressemble à un petit paradis de l'horticulture ; il est différent, voilà tout !

Maison et jardin doivent former un ensemble harmonieux. Ici, une terrasse relie l'intérieur à l'extérieur, une multitude de pots disséminés facilitant la transition. La façade de la demeure s'orne de plantes grimpantes et d'arbustes de murs, de sorte qu'architecture et nature se marient parfaitement. Le jardin présente lui-même une structure formelle avec ses massifs de fleurs bordés de buis.

LE PLAN

Apparu sous la Renaissance, le design de jardin s'appuyait sur la théorie selon laquelle il est possible de réorganiser la surface du sol en combinant allées, escaliers, plantations, plans d'eau et constructions. La conception visait à ce que l'ensemble soit aussi beau vu d'en haut que d'en bas. Jardins et parterres ouvragés composaient des labyrinthes, des armoiries ou de sinueuses arabesques. Aujourd'hui, nous avons souvent tendance à oublier que les jardins d'autrefois devaient tout d'abord être admirés du haut d'un escalier, d'une terrasse ou des fenêtres des étages, avant d'être parcourus et examinés de plus près. Il suffit pour s'en rendre compte d'aller visiter un de ces grands jardins et d'étudier soigneusement la disposition des allées et des massifs. Ce principe vaut également pour les surfaces plus petites, notamment pour les jardins situés en ville.

Si vous héritez d'un jardin déjà aménagé, vous devez, avant toute chose, dresser l'inventaire des lieux. Le tracé des sentiers, les plates-bandes et les dénivelés s'insèrent-ils bien dans le cadre ou faut-il en revoir l'emplacement ? L'alliance entre les divers éléments composant les surfaces dures — herbe, briques, dalles en pierre ou en béton — vous convient-elle ? Les allées permettent-elles un accès facile et direct aux différentes portes et grilles ainsi qu'aux servitudes, tels le garage ou la cabane à outils ?

Avant de songer à d'éventuelles modifications, commencez par consigner toutes ces données sur une feuille de papier quadrillé. Il vous faut aussi dessiner les angles sous lesquels vous désirez contempler un élément particulier (vous aurez peut-être envie d'apercevoir la tonnelle depuis une fenêtre).

Pour mener à bien cette entreprise, ne vous bornez pas à considérer votre seul jardin, mais élargissez la perspective, tournez-vous également vers l'extérieur. À partir de là, vous pourrez décider quel sera le principal point d'ancrage du regard et déterminer le tracé des surfaces dures, c'est-à-dire les allées, les escaliers et les aires dallées, afin de relier entre eux les divers centres d'intérêt.

Rappelez-vous que même un jardin relativement petit peut paraître beaucoup plus grand grâce à des recoins dérobés à la vue et à des allées sinueuses. C'est en sélectionnant ce que vous souhaitez mettre en valeur que vous saurez ce qu'il faut masquer par des persistants, dissimuler derrière un mur, une haie ou une clôture.

Plus que tout autre facteur, le plan du terrain déterminera le style du jardin. Néanmoins, il arrive parfois que l'état du site dicte ses lois mais, avec un projet soigné et une bonne dose d'ingéniosité, vous réussirez à transformer un jardin classique aux lignes géométriques en un jardin aux rondeurs asymétriques… et inversement.

Lorsque vous réaliserez votre plan, songez à l'entretien car tout ce qui n'est pas surface dure, à savoir l'herbe, les arbustes, les parterres de fleurs et les carrés de légumes, exige des soins attentifs et réguliers. Aussi, ne vous lancez pas dans un projet trop ambitieux qui dépasserait le champ de vos possibilités. Ensuite, quand vous aborderez le chapitre des plantations, veillez à créer un schéma de base, à respecter un certain équilibre des formes et des lignes, afin que, tout au long de l'année, contempler votre jardin se révèle un véritable plaisir.

ALLÉES ET DALLAGES

Allées et parties dallées peuvent donner à un jardin autant de style et de caractère que les plantes. Grâce à leurs matériaux durables, elles font entrer l'architecture dans le jardin et, partant, servent d'intermédiaires entre la maison et la nature. En outre, elles permettent des contrastes qui mettent en valeur les plantations. Ainsi, un feuillage touffu paraîtra toujours plus lumineux et plus délicat à côté d'une surface dallée que par rapport à l'herbe ; une allée en briques délimitera de façon nette la bordure d'une pelouse.

Les allées constituent l'ossature même du jardin, la structure autour de laquelle il s'organise. Elles divisent la parcelle en différentes zones, déterminent les secteurs réservés aux plantations et les relient entre eux. Par ailleurs, elles jouent un rôle pratique dans l'entretien du jardin car, en toutes saisons, elles facilitent l'accès aux massifs et favorisent le maniement des outils, notamment des brouettes. Mais, avant toute chose, les allées constituent le moyen idéal de faire valoir la beauté de l'architecture du jardin. Il n'y a rien de plus agréable que de se promener parmi de superbes fleurs, arbustes et arbres, de découvrir au détour d'une arche, là-bas, une fontaine, plus loin, une terrasse. C'est l'allée qui donne le ton, classique et droite ou fantaisiste et sinueuse. C'est elle aussi qui permet de tricher sur la taille du terrain. Si vous voulez que votre jardin semble plus grand qu'il ne l'est en réalité, il vous suffira de rétrécir l'allée afin de fausser la perspective, ou encore de disposer vos plantations de manière astucieuse.

Une aire dallée, aménagée au sortir de la maison, constitue un merveilleux petit salon de plein air où recevoir vos amis, vous reposer

Cette allée centrale en briques anciennes jaunes est d'une grande simplicité — d'où son charme. Elle ne domine ni par sa couleur, ni par sa texture, ni par son dessin, ne cherchant pas à accaparer l'attention, au détriment des fleurs et des feuillages. Longue et sinueuse, elle donne une idée de mouvement et guide le visiteur le long des bordures où se côtoient à merveille verts et bleus doux, blanc et pourpre léger. Les fleurs vert-jaune de l'alchémille (Alchemilla mollis) *qui, à intervalles réguliers, empiètent sur l'allée, confèrent au jardin une structure peu formelle.*

1

1 Une petite cour pavée peut avoir beaucoup de charme, surtout si, comme ici, elle se voit adoucie par l'abondance de la végétation. Ce type de jardin élimine les problèmes liés à l'entretien d'une pelouse. Au centre, le bassin carré sert de médiateur, permettant un contraste agréable entre le frémissement de l'eau et l'austérité du dallage. La pierre et les briques pâles de l'allée qui, au début, devaient paraître plutôt sévères ont, aujourd'hui, une jolie patine.
2 Les matériaux de dallage et les plantations de ce jardin résolument moderne offrent une comparaison intéressante avec ceux utilisés pour l'exemple plus traditionnel ci-dessus. L'allée, composée d'un quadrillage de dalles de béton entrecoupées de galets, présente une surface dure au regard, en parfaite harmonie avec les contours précis des feuillages, notamment celui pointu et plumeux du bambou.

et prendre vos repas. Si vous en agrandissez la superficie, vous constaterez que, même sans pelouse, un jardin peut être parfaitement réussi.

Les allées se répartissent en deux catégories : les principales qui doivent être assez larges pour que deux personnes y marchent côte à côte et les autres, plus étroites, que vous emprunterez pour aller désherber. Lorsque vous réfléchirez à l'agencement des surfaces dures, songez non seulement à l'esthétique, mais aussi à l'aspect pratique des choses. Un bon conseil : faites figurer sur votre plan chacun des endroits où vous désirez avoir accès sans difficulté : portes de la maison, grilles, garage, constructions annexes... Tenez compte de l'importance des éléments ; ceux purement utilitaires peuvent être dissimulés. Et si la grille au fond de votre jardin vous déplaît, ne tracez pas une allée rectiligne y menant tout droit !

Maintenant que vous connaissez les principes de base, appliquez-les afin que les surfaces dures contribuent à la beauté du jardin, en déterminent sa structure et vous permettent de vous livrer aux joies du jardinage.

Les matériaux de dallage dépendront de l'architecture de votre maison et des constructions de jardin déjà en place, du type de design que vous désirez créer ainsi que de l'importance des allées (avez-vous l'intention de les emprunter souvent ou non ?). Mais, bien sûr, le facteur de décision essentiel reste le budget. Si vous disposez de capitaux limités, vous avez intérêt à opter pour une solution à court terme en combinant un matériau de bonne qualité, la pierre par exemple, avec un autre moins cher, tel le gravier. Lorsque vos finances se porteront mieux, vous pourrez choisir un mode de dallage plus sophistiqué. Quoi qu'il en soit, composer son dallage n'est pas toujours une affaire de compromis pécuniaires. Parfois, les nouveaux matériaux artificiels associés à un dallage traditionnel, en moindre quantité, produisent le meilleur effet, et la fausse pierre se marie très bien avec la brique ancienne.

En outre, l'éventail des matériaux proposés dans le commerce peut vous paraître restreint. En tout cas, n'achetez jamais avec précipitation. Au contraire, prenez le temps de réfléchir et de tester divers échantillons, naturels ou artificiels. Étudiez-en la texture et demandez-vous si la dalle peut, seule ou associée à d'autres, former un motif intéressant, si elle s'insère bien dans le jardin. Surveillez la manière dont elle réagit à la lumière et à l'eau (la surface devient-elle glissante, une fois mouillée ?). Enfin, n'oubliez jamais que le dallage ne doit pas éclipser les plantations, mais les mettre en valeur. À éviter absolument : les dalles en béton peint en rouge ou en jaune criard ! Préférez celles qui, avec le temps, se patineront.

La pierre est le plus beau des matériaux, et conviendra tout particulièrement s'il s'agit d'une spécialité locale. On l'utilise peu souvent en raison de son coût prohibitif. Sachez cependant qu'il suffit d'acheter quelques dalles seulement et de les marier à un matériau moins onéreux. Par ailleurs, vous trouverez dans le commerce des dalles reconstituées à partir de pierre concassée. Leur surface est rugueuse, mais elles se patineront pour donner des résultats fort agréables. Le pavage en granit revient presque aussi cher que la pierre, mais si vous avez les moyens de vous en procurer, n'hésitez pas ! Il s'adapte à merveille aux surfaces dures, surtout disposé selon des motifs géométriques.

2

2

3

De même, les briques, notamment les briques anciennes, forment de jolies allées et peuvent être disposées en un nombre incalculable de figures, parmi lesquelles chevrons ou trame de vannerie. Elles existent dans une variété de couleurs différentes : rouge, gris anthracite, jaune. Veillez à ce qu'elles ne soient ni trop sombres, ni trop voyantes. L'idéal serait qu'elles rappellent la teinte des briques de l'architecture. Préférez les briques antigel, sinon elles finiront par éclater. Bien que d'une texture plus lisse, les tuiles de sol offrent les mêmes tons de rouille que certaines briques. Elles se révèlent particulièrement appropriées dans le cas d'une cour ou d'une terrasse en bordure de maison.

Difficile de marcher sur des galets ou du cailloutis qui, pourtant, une fois coulés dans le ciment, composent des dessins superbes. Pour tirer parti de leurs propriétés, mieux vaut les utiliser comme élément de décoration en les associant à un autre matériau de dallage. Il en va également ainsi du gravier ; employé seul, il produit néanmoins un effet des plus agréables. Évitez d'en répandre près de la maison. En revanche, étalez-le sur une fondation solide et vous obtiendrez une allée facile à entretenir grâce aux désherbants et au râteau.

1

1 *Petit jardin extrêmement stylisé et d'humeur très contemporaine. Il joue sur le contraste entre les matériaux — tuiles et caillebotis —, ainsi que sur les dénivellations auxquelles il associe astucieusement un bassin. L'équilibre de ses proportions et la précision absolue de ses lignes suggèrent l'œuvre d'un architecte. Dans les massifs surélevés, éléments importants du design, se mêlent à profusion des feuillages aux formes variées. Les fleurs se trouvent confinées sur le plan d'eau. Dans ce jardin minuscule, l'eau joue un rôle essentiel car elle réfléchit la lumière.*
2 *Cette délicieuse allée rustique chemine à travers les primevères et les* hostas. *Elle se compose de rondelles de bois, un matériau qui convient aux parties moins formelles du jardin, loin de la maison, mais qui, une fois mouillé, devient dangereusement glissant.*
3 *Les vieilles traverses de chemin de fer ont l'avantage de prendre une belle patine, et donnent à ce petit jardin intime, clos de haies, un charme désuet. Ici, le concepteur les a utilisées pour l'allée, ponctuée de gravier, le banc et les bordures des massifs d'herbes surélevés. Les traverses en bois sont devenues chères et difficiles à trouver.*

1

2

Il existe une très large gamme de dalles en ciment et de briques. Aussi, ne choisissez pas à la légère. Préférez les tons neutres — beige pâle, jaune clair, couleur pierre — et, surtout, ne vous laissez pas aveugler par les noms mirifiques sous lesquels elles sont vendues — « véritable pierre d'York », par exemple ! Sinon, vous risquez une cruelle déception. Un conseil : mariez le dallage à un autre matériau afin de rompre la monotonie du béton.

Utilisé lui aussi pour les surfaces dures, le bois se détériore plus vite et devient glissant, une fois mouillé. Il constitue cependant un élément de décor original : allée en rondelles de bois ou terrasse formée de traverses de chemin de fer alignées. Quant au caillebotis, il fait des merveilles, surtout par contraste avec d'autres matériaux.

Maintenant que vous avez fixé votre choix, vous pouvez configurer sur un plan à l'échelle les surfaces dures. Dessinez chaque dalle, chaque brique entrant dans la composition de votre canevas, et n'oubliez pas de marquer les espaces destinés aux plantations. Ainsi, vous saurez combien il vous faut exactement de matériau.

La principale surface dure se trouve, en général, près de la maison. Choisissez des matériaux capables de résister à l'usure. Bannissez le bois, trop glissant, les galets, peu propices à la marche, et le gravier qui, transporté sous les semelles, risque d'envahir votre intérieur. Préférez une aire plate en briques, en dalles de pierre ou de béton, voire une alliance entre ces matériaux pour former un motif intéressant, délimiter les massifs, notamment ceux situés le long de la façade et destinés à accueillir les plantes grimpantes. Ne négligez pas cette zone, certes utilitaire, mais importante.

Si vous disposez d'un jardin minuscule, vous aurez peut-être intérêt à le daller tout entier, à l'exception des parties réservées aux plantations. Vous verrez, cette solution vaut mieux que de planter une pelouse grande comme un mouchoir de poche et qui, de surcroît, se détériore rapidement. Et si le sol est de mauvaise qualité, procurez-vous une terre plus riche que vous étendrez sur les plates-bandes. Végétation luxuriante et bacs ornementaux feront de votre petite parcelle un chef-d'œuvre d'élégance. Là encore, les surfaces dures

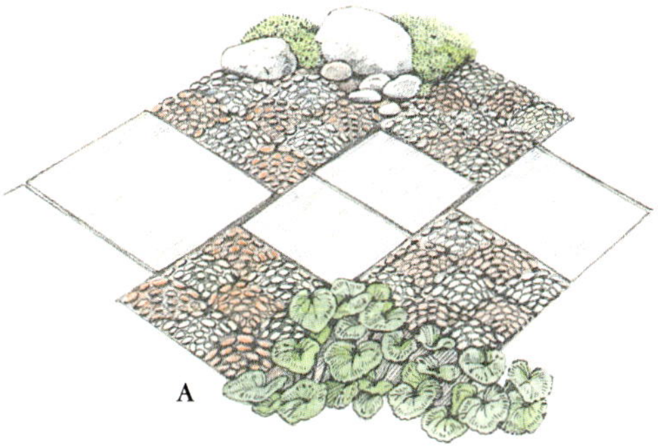

A

A L'association des matériaux de dallage permet de bénéficier d'une surface de qualité et d'un dessin agréable à l'œil. Difficile de marcher sur des galets, même coulés dans du ciment ! Ici, disposés en lignes obliques, ils rompent la monotonie des dalles plates en pierre.

B

B Les briques antigel comptent parmi les meilleurs matériaux de dallage. La palette de leurs teintes met en valeur la trame de l'allée.

C

C Les dalles en béton peuvent être jolies, associées à un autre matériau. Réparties sur un lit de gravier, elles forment des motifs géométriques. Plutôt fades, elles supportent mal les mélanges de couleurs. Aussi vaut-il mieux limiter leur emploi à des superficies réduites.

3

1 *Dans ce jardin classique, d'une simplicité et d'une géométrie parfaites, tout l'intérêt repose sur le pavage. Bordées de lierre, quatre allées de pavés rectangulaires en granit convergent vers une petite place ronde. L'étroitesse des pavés et la discrétion de leurs tons confèrent à l'ensemble une grande délicatesse.*
2 *L'alliance entre divers matériaux de dallage permet de réaliser des chefs-d'œuvre d'imagination. Ce losange, constitué à partir d'un carreau central, de tuiles posées sur la tranche et d'un cadre de briques foncées, orne une surface octogonale, dallée en pierre et soulignée par des rangées de briques. La géométrie précise des briques est adoucie par la forme irrégulière des dalles et des tuiles.*
3 *La répétition d'un motif donne également des résultats intéressants. Flanquée de massifs d'iris, cette allée se compose d'une série de losanges délimités par des pavés carrés en granit et couchés sur un lit de gravier. Il existe de nombreuses autres variantes possibles.*

1

doivent être plaisantes à regarder. Aussi, combinez matériaux et couleurs. Néanmoins, si l'espace est vraiment petit, limitez-vous à deux ou trois modèles différents. Sinon, l'effet manquerait de simplicité.

Souvent, les bordures soulignent le charme des allées et des aires dallées. Choisissez la tuile victorienne ancienne dont vous trouverez de très belles imitations, ou la brique que vous poserez soit en diagonale, soit dans le sens de la hauteur, comme une espèce de mini-rempart crénelé. La pierre reconstituée, dont on se sert pour les allées, peut aussi être utilisée pour les bordures. N'ayez recours à ce procédé que si vous désirez réellement mettre en valeur telle surface dure ou tel massif de fleurs. Et, même dans ce cas, arrangez-vous pour que les plantes masquent une partie de la bordure, sinon l'ensemble manquerait singulièrement de chaleur !

Choix de plantes adaptées aux dallages : page 138, liste 1.

1 *Matériau classique pour les allées, le gravier est également l'un des plus simples et le moins cher de tous. Il convient autant aux jardins traditionnels que fantaisie. Ici, il produit un effet très spectaculaire parmi l'abondance des plantes herbacées. Accompagné d'une bordure adéquate, il donnerait un résultat plus formel, mais non moins esthétique.*

2 *Ce dallage simple et débordant d'imagination se compose de dalles en pierre disposées en diagonale. Accompagné d'un tapis de primevères autoreproductrices parsemé de myosotis, il forme une allée tout à fait hors du commun. Les plantes poussant dans les interstices ne font qu'ajouter au charme du tableau.*

3 *Il n'y a aucune raison pour que les allées du potager ne soient pas aussi plaisantes que celles du jardin d'agrément. En créant une structure géométrique, il est possible de joindre l'utile à l'agréable. Ici, le potager est très décoratif grâce à ses allées en pavés de granit de différentes largeurs (trois pavés côte à côte pour les allées principales, celles réservées à des fins utilitaires — arrosage et récolte — étant plus étroites). Les plates-bandes présentent des formes inhabituelles, tel ce triangle de tomates.*

2

3

LES ESCALIERS

Les escaliers ont été introduits dans le dessin des jardins sous la Renaissance par l'architecte Bramante (1444-1514), le pape Jules II lui ayant demandé de relier le Vatican à la villa Belvédère, située à flanc de coteau, derrière la résidence pontificale. Bramante eut alors l'idée de joindre les terrasses, de souligner les dénivelés par des escaliers majestueux, des balustrades et des rampes. Il créa ainsi le premier des grands jardins architecturaux. Une réussite exemplaire qui allait, par la suite, lui valoir de nombreux adeptes.

Ainsi que Bramante l'a brillamment démontré, l'escalier déclenche une réaction fondamentale chez l'homme qui, non seulement, prend plaisir à le contempler et à l'escalader, mais l'associe aussitôt à une certaine idée de mystère. D'ailleurs, qui d'entre nous n'a pas éprouvé l'envie subite de grimper au sommet d'une colline pour admirer le panorama d'en haut ? À n'en pas douter, une volée de marches suffit à accentuer le côté spectaculaire d'un paysage. Et puis, un escalier ne mène-t-il pas toujours quelque part ?

Les dénivellations peuvent résulter d'un impératif, dicté par les accidents de terrain, ou d'une volonté délibérée de rompre la monotonie d'un sol d'une platitude désespérante en y ajoutant un élément qui accroche le regard. Attention, cependant : un grand escalier coûte excessivement cher et ce, quelle que soit la façon dont vous le construisez !

Il est nécessaire de respecter un parfait équilibre entre la nature et l'artifice. Ainsi, le petit jardin ne pourra présenter plus d'un ou deux dénivelés, sinon il risquera de manquer de simplicité. Néanmoins, dans n'importe quel jardin, deux endroits se prêtent à merveille aux

Escaliers et dénivelés donnent beaucoup de cachet à un jardin. Cette volée de marches en courbe comporte deux paliers permettant d'admirer le paysage, avant de disparaître entre des murs en briques tapissés de lierre. Larges dalles en pierre, les girons surplombent les contremarches en briques et projettent des ombres horizontales qui contrastent agréablement avec les formes arrondies des plantes : bergenias, *fuchsias et fougères.*

changements de niveaux : l'accès au jardin depuis une terrasse dallée entourant la maison, et à mi-distance, comme élément de séparation. Le second cas concerne tout spécialement les parcelles étroites qui, grâce à l'introduction de quelques marches astucieusement placées, paraîtront beaucoup plus larges. Que vous soyez chez vous ou à l'extérieur, vous aurez plaisir à contempler ce dénivellement.

Les escaliers situés à proximité de votre demeure doivent s'harmoniser à l'architecture de la façade et correspondre aux matériaux de construction. Généralement, ils auront donc un style plutôt classique. Plus ils se trouvent loin de la maison, plus ils pourront se permettre de fantaisies sans, toutefois, créer une discordance esthétique par rapport aux allées voisines. Aussi, ayez soin d'employer les mêmes matériaux (*cf.* pages 13-16).

L'aménagement de dénivelés doit être considéré dès l'étape préliminaire du plan. Prévoyez leur emplacement sur la feuille quadrillée, fixez le nombre de marches, leur largeur et leur style. La règle veut que le giron de la marche ne dépasse pas 30 à 45 centimètres et que sa hauteur n'excède pas 10 à 15 centimètres. En revanche, ne lésinez pas sur la largeur car un escalier trop étroit semblerait mesquin.

Il existe divers styles et matériaux. Il peut s'agir de marches simples et inclinées, avec des traverses de chemin de fer ou des rondins pour marquer le dénivelé et des éclats d'écorce pour tapisser le giron ; de marches romantiques et planes en gazon qui, cependant, deviennent glissantes une fois mouillées ; d'une double volée de marches en pierre à la sophistication toute architecturale, avec palier et balustrades.

À moins que vous ne soyez très habile de vos mains, vous devrez faire appel à un constructeur professionnel. Vous mettrez toutes les chances de votre côté en préparant à son intention la liste de vos spécifications : plan du terrain, clichés, détail des murs d'encadrement, des balustrades, de la tablette de couronnement et autres ornements. Pour trouver l'inspiration, allez donc consulter des ouvrages d'architecture à la bibliothèque municipale de votre ville. Et, surtout, osez la fantaisie ! L'architecture des escaliers de jardin n'a pas beaucoup évolué depuis l'époque de Gertrude Jekyll et de sir Edwin Lutyens, et l'on rencontre trop souvent des versions miniatures de ces grands classiques du XIXe siècle.

A

A Cette brève volée de marches classiques et carrées constitue une bonne solution pour créer un faible dénivelé.

B Plus original, cet escalier se compose de marches aux angles coupés et d'un palier surmonté d'une arche.

B

C

C Autre exemple sophistiqué avec des contremarches de forme arrondie. La taille ornementale de la haie met en valeur l'élégance de cet escalier.

Dans un petit jardin, l'escalier doit se limiter à un nombre restreint de marches. Une seule suffit à indiquer une volonté de changement dans le style de design ou le type de plantation. Quelques marches traditionnelles assureront la transition entre une pergola et un jardin de fleurs d'où un escalier plus original, avec du gravier et des contremarches en bois, conduira à un massif d'arbustes. Les matériaux utilisés servent d'agents de liaison.

De même, l'escalier peut mettre en évidence un élément central (kiosque, statue, cadran solaire), souligner l'esthétique d'une cour tout en dallage. Par ailleurs, lorsque la lumière s'atténue, les marches créent un jeu d'ombres spectaculaire dont les lignes géométriques contrastent étrangement avec la rondeur des feuilles.

L'original de cet escalier classique, composé de trois marches convexes et de deux concaves, se trouve illustré dans Architettura, *ouvrage célèbre de la Renaissance écrit par Serlio et publié en 1544. Les campanules qui ornent les contremarches soulignent l'effet* de chiaroscuro *(clair-obscur).*

Dans un jardin très en pente, l'aménagement de dénivelés pose plus de problèmes. Si vous possédez une petite parcelle, évitez les escaliers tout droits qui produiraient un effet inesthétique. Entre deux volées de marches, prévoyez un palier ou une terrasse qui se prolongera par un escalier plus large ou, mieux encore, par un double escalier partant dans des directions opposées. L'escalier en arc de cercle permet de corriger une inclinaison trop prononcée et convient particulièrement dans le cas d'un jardin de style classique. Un ornement complètera harmonieusement le décor.

Les escaliers se présentent sous des aspects variés. Vous souhaitez les mettre en valeur ? Alors, flanquez-les de deux urnes, d'une paire de faîteaux, de statues, ou plantez de chaque côté de la marche inférieure des arbres aux formes discrètes. Si la largeur le permet, ornez chaque marche de jolis bacs à fleurs. Attention, toutefois : ceux en terre cuite ne supportent pas le gel (rentrez-les dès les premiers signes de l'hiver) !

Veillez à ce que les plantations qui bordent les escaliers ne gênent pas le passage. Mais, que cela ne vous empêche pas de disséminer des plantes entre les interstices d'un escalier fantaisie. En revanche, sachez que vous nuiriez à l'esthétique d'un escalier d'architecture classique en y ajoutant végétation et fleurs superflues.

On peut affirmer sans crainte de se tromper que le souci de sécurité qui préside à l'aménagement intérieur d'une maison disparaît dès lors qu'il s'agit du jardin. Grave erreur, car les escaliers se révèlent

1

2

3

1 Le gris clair du granit se marie agréablement aux briques. Sa texture contraste avec les hautes herbes plumeuses qui bordent les marches.
2 Idée ingénieuse, cet escalier en briques arrangées en trame de vannerie s'accompagne d'une déclivité centrale facilitant le maniement des outils munis de roues. Pour ma part, j'aurais disposé aux angles des murets deux pots turquoise au lieu d'un seul.
3 Bel escalier naturel constitué de rondins et de pelouse. Le bois s'est fendu et a pris une jolie patine. La pelouse qui tapisse les profonds girons doit être entretenue à la main.
4 Trois marches flanquées d'urnes et surplombées par un cytise mènent à une terrasse ronde et pavée. Une manière très spectaculaire d'introduire un dénivelé.

4

Transition astucieuse pour relier cette maison moderne au jardin. Ici, intérieur et extérieur communiquent dans un parfait prolongement. Il n'y a rien là de fortuit car, de toute évidence, le jardin est l'œuvre d'un professionnel. Orné de cotonéasters, l'escalier est fabriqué à partir d'épaisses planches en bois patiné et de blocs de béton. Ce type de marches peut également faire office de siège, à l'occasion.

parfois très dangereux ! Aussi, ne négligez pas cet aspect du problème et songez que tout escalier doit reposer sur des supports solides. Que ceux qui ne peuvent s'offrir un parapet en dur, ou une balustrade en fausse pierre, choisissent une rampe en bois. Balustrades et rampes servent avant tout de protection et non de tuteurs pour plantes grimpantes (surtout pas pour les rosiers !).

Choix de plantes adaptées aux escaliers : pages 138-139, listes 1 et 5.

CLÔTURE, SÉPARATION ET ACCÈS

Le concept de jardinage est indissociable des notions de clôture, de séparation et d'accès. Le jardin se définit comme une parcelle de terrain qui se différencie de ce qui l'entoure. Il se distingue donc de la nature laissée à l'état sauvage pour se faire l'expression d'un goût personnel, d'un style particulier. En pratique, il se trouve délimité par des « frontières », en l'occurrence par des murs, des clôtures, des haies et des grilles qui, une fois franchis, donnent accès à un petit monde à part.

Les clôtures jouent un rôle essentiel dans la structure du jardin. Superbe exemple que celui de Hidcote, niché dans les collines de Cotswold. Là, un flanc de coteau absolument nu a été transformé, grâce à des haies d'ifs et de hêtres blancs, en un dédale de corridors et de pièces qui, toutes, reflètent un thème particulier —le jardin rouge, par exemple. Ses voies d'accès et de sortie, judicieusement orchestrées, mettent en valeur la beauté du panorama, incitant le visiteur à s'aventurer plus avant.

L'installation d'une clôture est une expérience enthousiasmante à tous les niveaux, qu'il s'agisse du tracé sur le plan, de la sélection des matériaux, du choix de la forme ou de l'aspect (pleine ou à claire-voie). De tout temps, cette étape préliminaire a présidé à la conception des jardins. En premier lieu, il convient de décider quelle partie a besoin d'une enceinte, si la vue doit être préservée ou non, s'il faut aménager une protection contre le vent, le froid et le gel. La hauteur de l'entourage et le degré d'ensoleillement du jardin dépendront de l'exposition de la parcelle ainsi que de la volonté de s'isoler du maître des lieux.

Bien que remplissant une fonction sensiblement identique, murs, clôtures et haies présentent néanmoins des différences sur les plans financier, temporel et esthétique. Ainsi, la haie constitue un investissement à long terme tandis que la barrière offre une solution immédiate et peu onéreuse. De même, une bordure herbacée fera merveille le long d'une haie d'ifs très serrée et soulignera le vert de son feuillage comparable à du velours. Une clôture artistiquement ouvragée pourra servir de tuteur à des plantes sans pour autant obstruer la vue. Enfin, une arche surmontée d'une cascade de roses attirera le regard vers un élément central, plus éloigné.

Au moment de tracer le plan, adoptez la démarche suivante : partez de l'extérieur, puis rapprochez-vous peu à peu. Demandez-vous si telle haie doit faire office de rempart ou d'écran, auquel cas vous devrez la laisser pousser assez haut, comment placer telle grille afin de faciliter l'accès au jardin. Vous vous préoccuperez ensuite de tout ce que vous désirez dérober au regard : le garage, la cabane à outils, le réservoir de mazout, les poubelles... Alors seulement, vous vous intéresserez au jardin proprement dit et déterminerez si l'espace disponible permet des subdivisions.

Murs, clôtures, haies et grilles, sans oublier les arbres, appartiennent à la structure verticale du jardin. En tant qu'éléments d'architecture, ils revêtent un intérêt énorme. Pour parvenir à un certain équilibre, servez-vous de votre demeure comme base de référence, car maison et jardin doivent former une seule et même entité. Reportez-vous également à l'échelle humaine afin de déterminer la hauteur des arches, enceintes et séparations, de choisir ce que vous voulez dévoiler ou, au contraire, cacher. Ces éléments constituent le squelette du jardin. Aussi, réfléchissez soigneusement à leur forme, à leur couleur et à leur matériau.

LES MURS

Le mur est un élément aussi ancien que l'art du jardinage lui-même, et ne peut s'en dissocier. Pour ma part, j'ai, depuis toujours, une prédilection pour l'ambiance romantique du jardin clos médiéval, *hortus conclusus*, avec ses murs crénelés et compacts, semblables à des remparts. Depuis la nuit des temps, le mur sert de protection contre le monde extérieur, de barrière contre le vent ainsi que de support pour les plantes grimpantes et les arbres fruitiers en espalier. Là encore, le passé est riche en enseignements.

Par essence, les murs introduisent une notion d'ordre dans le jardin. Ils se présentent sous diverses architectures ; certains, percés de fenêtres et de portes, d'autres, vierges et lisses. Dans la majorité des cas, les murs indépendants ainsi que ceux de la maison et des bâtiments annexes présentent des ouvertures (portes, fenêtres, grilles, arches), lesquelles débouchent sur les allées du jardin. Il se peut qu'il y ait aussi des murs plus bas, de soutènement, destinés à contenir les mouvements de terrain. Tous ces éléments étant reliés les uns aux autres par des allées et des escaliers, leurs matériaux doivent obligatoirement s'harmoniser afin qu'aucun n'éclipse ses voisins.

La pierre naturelle est le matériau le plus indiqué pour les plantes. Avec le temps, elle prend une jolie patine, se pare de lichen et de mousse. Hélas ! Un mur en pierre coûte très cher ! Aussi, vous devrez peut-être choisir des murs en briques grises, rose-rouge ou jaune pâle, lesquels conviennent également aux plantations. Les petites briques anciennes rose-rouge sont de loin les plus belles alors que celles produites en masse depuis l'époque victorienne jurent parfois par leur couleur et leur texture. Il suffit néanmoins de quelques plantes

Ce mur en vieilles pierres naturelles dont les aspérités créent des jeux de lumière est adouci par la mousse, le lichen, les fougères et autres plantes envahissant les interstices. Il se peut que le Cotoneaster horizontalis *ait été planté là délibérément, mais il est plus probable qu'il s'y soit installé sans l'intervention du jardinier. Cet arbuste caduc aux feuilles disposées en chevrons s'accroche à la surface et se couvre de lourdes baies rouge vif à la fin de l'été. En outre, avant de tomber, son feuillage prend une belle couleur. Un mur en pierre comme celui-ci doit s'agrémenter de nombreuses plantes, sinon il paraît nu.*

1

judicieusement disposées pour en transformer l'allure. Le plus laid de tous les matériaux est sans conteste le béton, mais, en le peignant, vous réussirez à en améliorer l'aspect. Tout mur exige un entretien régulier afin de remédier à l'humidité, de vérifier que le jointement est en bon état et qu'aucune racine d'arbre ne menace les fondations.

En général, la façade constitue la pièce maîtresse de la maison. Aussi devez-vous bien réfléchir avant de la tapisser de plantes grimpantes. En revanche, pour ce qui est des murs extérieurs latéraux et, surtout, arrière n'hésitez pas à les recouvrir de plantations. Cela vous permettra de cacher les défauts d'architecture : tuyauterie apparente ou portes et fenêtres inesthétiques. Je ne cesse de m'étonner que l'on ne cherche pas plus à masquer les constructions réalisées dans des matériaux peu décoratifs, tels les garages ou les cabanes à outils, alors qu'il n'y a rien de plus facile que de les dissimuler derrière une haie ou sous les plantes

1 *Mur en pierre et en briques paré d'un rosier grimpant. Bien qu'ils paraissent parfois dépouillés en hiver, les rosiers, surtout ceux à floraison multiple, conviennent à ce type de plantation. Il en va de même de certains rosiers-arbustes, notamment le « Réveil Dijonnais », ici en pleine floraison. La vivacité de ses couleurs, écarlate-cramoisi avec une touche de jaune au centre, oblige à choisir les plantes voisines avec soin.*
2 *Il existe presque autant de belles plantes qui préfèrent ou supportent l'ombre que de plantes nécessitant un total ensoleillement. Les fougères en sont la preuve évidente. Conduits autour de la fenêtre, les buissons-ardents* (Pyracantha) *sont des persistants épineux et vigoureux qui se plaisent même dans les endroits ombragés. Ils se couvrent de fleurs blanches au début de l'été, mais doivent surtout leur réputation à leurs baies vivement colorées. Le* Jasminum nudiflora, *autre plante tolérant l'ombre, égaiera votre mur de ses fleurs jaunes, même en hiver.*

2

1

2

A

B

C

A Les jardiniers héritent souvent d'éléments peu esthétiques qu'il vaut mieux cacher astucieusement sous des plantes grimpantes, telles les diverses variétés de lierre *(Hedera)*.

B Le meilleur moyen de rehausser un mur consiste à le surmonter d'un treillis qui, tapissé de plantes, fera un écran digne de ce nom.

C La brique permet de multiples compositions pour les murs et les dallages. Donnez libre cours à votre imagination !

grimpantes. Bien évidemment, le choix des plantations dépendra, ici aussi, de l'exploitation des bâtiments et de la hauteur des murs. Dans l'ensemble, ceux-ci constituent un atout pour le jardinier car ils assurent un rempart contre les conditions climatiques et absorbent la chaleur du soleil. Rappelez-vous, cependant, que la terre située au pied est souvent sèche et difficile à cultiver.

Mais, avant d'envisager toute plantation, demandez-vous si peindre le mur ou y fixer un treillis va en améliorer l'aspect. Un fond blanc ou légèrement teinté met en valeur les plantes grimpantes et illumine le jardin dans son entier. Si le mur est en stuc ou en briques peintes, vous devrez sélectionner des plantes qui puissent être écartées de la surface afin de la repeindre. Quoi qu'il en soit, ne faites pas de la peinture un élément systématique.

Cela dit, ne pas planter au moins sur l'une des parois externes de la maison, c'est gâcher de l'espace disponible. C'est oublier aussi que ce type de plantation relie jardin et maison, lien d'autant plus important que, sur une petite parcelle, la demeure s'impose toujours au regard.

Par ailleurs, il ne faut pas oublier qu'un tapis de plantes grimpantes constitue un plaisir des yeux non seulement de l'extérieur, mais aussi de l'intérieur de la maison. La texture des feuillages, la couleur et le parfum des fleurs vous enchanteront toute l'année. L'hiver, le jasmin nudiflore donnera des fleurs d'un jaune éclatant ; au printemps, le cognassier du Japon *(Chaenomeles)* vous ravira par la générosité de sa floraison ; l'été, naîtront une abondance de roses et de clématites ; en automne, les *Pyracanthas* et cotonéasters persistants se couvri-

3

1 Les blocs de pierre de ce mur présentent un large éventail de formes et de coloris, notamment dans les gris, argent et bruns. Le mur, sympathique et sans prétention, se marie parfaitement avec les teintes vives des plantations.
2 Les reliefs de ce mur en béton produisent un effet intéressant et atténuent l'aspect plutôt grossier du matériau. Dans un petit jardin, le béton est à utiliser avec parcimonie et doit toujours s'accompagner de plantes. Ici, les deux arbustes connaissent leur floraison printanière : un cotonéaster au premier plan et, au fond, un Viburnum *avec ses magnifiques fleurs blanches alignées. Ce dernier forme des cascades de feuillage très fournies.*
3 Ce mur de soutènement en béton incrusté de galets, dont les lignes sont disposées en chevrons, délimite un superbe massif de plantes méditerranéennes : agave épineux, yuccas, romarin. Les feuillages argentés se marient aux fleurs roses des pélargoniums.

1

ront de baies, tandis que les feuilles de vigne offriront une palette de couleurs du jaune très pâle au rouge sang.

Hériter d'un jardin déjà clos de murs représente, tant sur le plan de l'architecture que de l'horticulture, un avantage qu'il faut savoir exploiter. Si vous n'avez pas cette chance, souvenez-vous qu'une clôture en bois vaut mieux qu'un mur construit dans des matériaux inesthétiques, et revient moins cher.

Dans l'idéal, le mur doit atteindre au minimum deux mètres de haut afin de préserver une certaine intimité et de permettre aux plantes de se développer pleinement. S'il est trop bas, rehaussez-le à l'aide de treillis ou, s'il se termine par un toit plat, ornez-le de pots remplis de lierre et d'autres plantes rampantes.

Les dénivellations exigent de petits murs de soutènement qui, recouverts d'un rideau végétal, serviront également d'éléments décoratifs. De même, un « jardin de murs » composé de pierres et de gros galets s'accommodera parfaitement de ces plantations en cascade qui conviennent si bien aux jardins de rocaille.

Les nombreuses plantes capables de pousser sur ou contre un mur présentent des caractéristiques très différentes : robustesse, feuillage, couleur des fleurs, évolution au fil des saisons. Parmi les plantes et arbustes grimpants, on distingue ceux qui préfèrent la chaleur et le soleil de ceux qui supportent facilement l'ombre. Quant au style, vous avez le choix entre le classicisme (arbres fruitiers en espalier) et l'originalité (clématites ou chèvrefeuille).

Pour sélectionner les plantes, tenez compte de la teinte de la charpente de votre maison et n'oubliez pas que des murs sombres appellent des végétaux à fleurs claires. Pour profiter du spectacle toute l'année, n'hésitez pas à mélanger persistants et plantes caduques, à varier les tailles ainsi que les formes de feuilles et de fleurs. Par exemple, mariez la clématite au rosier ou à la glycine.

Mes préférences vont aux roses de couleur jaune telles la « Gloire de Dijon », aux variétés de clématites ainsi qu'à l'hydrangée grimpante *(Hydrangea petiolaris)*, arbuste caduc qui pousse sans support. J'aime aussi beaucoup les arbres fruitiers conduits, tels les poiriers, pommiers, figuiers, et les vignes (les espèces de *Vitis*), surtout la *V. coignetiae*, avec leurs larges feuilles qui, en automne, revêtent des teintes magnifiques.

Choix de plantes adaptées aux murs : pages 138-141, listes 2 à 5, 12 et 13.

1 *La beauté et le romantisme de ce tableau rappellent les anciens jardins de curé à la campagne. Fichées dans le sol, les dalles en pierre grise constituent une clôture basse et dentelée dont la matière brute contraste avec les feuilles plumeuses des fougères, les tons légers de vert des* hostas, *les herbes élancées et pointues.*

2

2 *Ce mur plein d'imagination se compose de stères de bois maintenus par de solides poteaux. Cette barrière haute et originale ne durera sûrement pas des décennies, mais donnera, pour un temps, beaucoup de cachet au jardin. À noter : l'heureux mariage entre les écorces et les empreintes de scie, la variété des couleurs et des sections triangulaires. Son aspect naturel et spontané crée un contraste intéressant avec la formalité du jardin que l'on devine derrière les pieux recouverts de vigne.*

LES CLÔTURES

La clôture est l'un des moyens les plus anciens de séparation entre la nature à l'état sauvage et les terres cultivées. Voilà pourquoi, depuis plusieurs centaines d'années, elle joue un rôle majeur dans la composition des jardins. Même au XVIIIe siècle, alors que, partout en Europe, le style paysager anglais éliminait barrières et palissades, certains grands jardins se voyaient encore délimités par une jolie clôture qui, s'étendant sur des kilomètres, guidait le visiteur vers un temple, une statue, une grotte ou bien une magnifique perspective. Dans tous les jardins de la Renaissance, sans exception, d'élégantes palissades bordaient la propriété, longeaient les promenades et les terrasses. Souvent marbrées ou ornées de dorures, les balustrades se paraient des couleurs de l'arc-en-ciel. Certaines arboraient, sur leurs piliers principaux, des bannières héraldiques tandis que les plus simples portaient des faîteaux en forme de boules ou d'ananas. En comparaison, les clôtures actuelles paraissent tout à fait quelconques.

Il suffit de contempler les gravures et les images de ces clôtures anciennes pour se rendre compte de la diversité de leurs styles. Tous s'y trouvent représentés, du gothique au classique, sans oublier le style chinois, très en vogue au XVIIIe siècle. Grâce à leurs proportions souvent très modestes, ces illustrations restent une source d'idées inépuisable pour l'ensemble des jardins, même les plus petits.

Tout comme les haies et les murs, les clôtures entourent et divisent. En réalité, elles constituent la seule véritable solution « immédiate ». Autre avantage : elles sont relativement bon marché. Les clôtures peuvent soit dérober complètement le jardin au regard, soit le laisser deviner à travers leurs claires-voies. Par ailleurs, elles peuvent être employées uniquement comme éléments de décoration.

De même, certaines sont temporaires, d'autres permanentes. Ainsi, le clayonnage le plus simple, muni de solides poteaux, dure plusieurs

Une simple série de longues planches en bois fixées entre des pilastres à la finition parfaite forme une belle palissade pour cette surface pavée, utilisée comme terrasse. Les lignes droites de la clôture contrastent avec la luxuriance des plantations : plantes à feuillage et plantes vivaces à floraison. Les lattes sont assez rapprochées, mais laissent suffisamment deviner du jardin pour établir un lien entre l'intérieur et l'extérieur. À noter : l'emplacement excentré du cadran solaire dont la dorure reflète les rayons du soleil.

années et permet d'attendre que la haie ait atteint la taille désirée. Une palissade en bambou remplit également cet office.

L'enceinte doit traduire un souci d'esthétisme. Or, on la considère trop souvent comme une morne nécessité. Pourtant, il n'y a rien de plus attristant que ces barrières standard composées d'une suite de planches rabotées et de poteaux espacés, encadrant une parcelle de terre rectangulaire. La plupart du temps, elles ne sont même pas assez hautes pour décourager les curieux et préserver l'intimité. Comment s'étonner alors, que, prisonniers de ces entourages si disgracieux, les jardins paraissent mesquins et dénués d'intérêt. La clôture est un

1

2

1 *Superbe exemple de clôture en métal ouvragé dans le style du début du XIX*e *siècle. Malheureusement, le prix et la pauvreté de dessin des grilles d'aujourd'hui expliquent leur abandon croissant. L'élégance des barreaux est reprise dans l'écoinçon du portique et le treillis qui habille la façade de la maison. La profusion du* Corydalis lutea, *autoreproducteur, adoucit les lignes de l'ensemble.*

2 *Barrière et portail en bois, peints de couleurs différentes, répondent à la simplicité de l'allée en briques, du gazon bien tondu, du buis taillé et des arbres en fleur. Classique, cet arrangement, qui s'inscrit dans la tradition coloniale américaine, a été recréé à Williamsburg, en Virginie.*

A

B

A La finition d'une barrière en bois doit s'harmoniser avec l'architecture de la façade, tout en donnant au jardin un cachet tout à fait particulier.

B Les plantations destinées à embellir la base ou la ligne d'une barrière en bois doivent être surveillées afin de permettre un entretien facile et de conférer au jardin une allure soignée.

C

D

C Ces hauts barreaux en fer font une jolie clôture, mais doivent être fabriqués sur mesure. Ils coûtent donc très cher.

D Qu'elle serve de clôture ou de séparation au sein du jardin, cette barrière fort décorative ravira le regard tout au long de l'année.

élément de design et nier son importance ne peut que nuire à la beauté de ce qu'elle renferme.

Structure architecturale, la clôture doit donc s'harmoniser avec le jardin, mettre en valeur les plantes qui la bordent ou la recouvrent dans une profusion de couleurs et de textures. Car elle ne se contente pas de marquer des frontières et de délimiter l'espace ; elle ménage la surprise, crée l'illusion. De plus, si elle ne comporte aucune ouverture, elle protège maison et jardin du froid et du vent. Selon le rôle qu'elle devra jouer, l'enceinte sera plus ou moins haute, simple ou sophistiquée, pleine ou à claire-voie.

Dans le cas d'un petit jardin, le peu de superficie disponible ne permet pas d'adopter pour la clôture un style trop différent de celui de la demeure. Une maison de campagne exige un entourage rustique, réalisé dans des matériaux à la finition grossière. En revanche, une demeure citadine du XIXe siècle s'accommodera mieux d'une grille d'entrée classique, tandis qu'une enceinte originale aux formes rectilignes conviendra parfaitement à une maison moderne. Aussi, prenez le temps d'étudier l'architecture de votre maison. Cela vous guidera dans votre choix. Il se peut que la demeure présente des caractéristiques particulières dont vous aurez envie de tenir compte pour le design de la clôture. Créneaux, moulures ou voûte gothique feront merveille au sommet d'une clôture, et un vitrail découpé en forme de losange trouvera son écho dans une grille ouvragée entourant un potager ou un jardin de plantes aromatiques.

Si la clôture doit servir à masquer certains éléments peu esthétiques, les poubelles par exemple, mieux vaut en choisir une pleine, en bois, sur laquelle courront des plantes grimpantes telles que le jasmin, la vigne ou un rosier à floraison multiple. Cependant, il est beaucoup plus judicieux d'utiliser

1 *Idéale pour une clôture temporaire, cette palissade en bambou crée une certaine intimité et dissimule, peut-être, une vue peu esthétique jusqu'à ce que la haie d'ifs plantée derrière le banc puisse prendre la relève (ce qui demandera encore quatre à cinq ans).*
2 *Cette palissade ne présentait guère d'intérêt avant que son propriétaire l'orne de cascades de verdure et de bacs remplis d'impatientes* (Impatiens).

1

2

le bois pour établir des séparations à l'intérieur même de la parcelle. Une jolie clôture basse délimitera une terrasse, encadrera un mur ou bordera un massif de fleurs. Son style donnera le ton et ses caractéristiques architecturales — contour, treillage et fleurons — embelliront votre jardin tout au long de l'année. De plus, elle peut servir de bordure pour mettre en relief les plantations, ou de support pour les plantes grimpantes. Prenons l'exemple d'une clôture de séparation entre le jardin floral et le potager. Si elle est assez haute, elle pourra faire office de tuteur pour le haricot d'Espagne d'été *(Phaseolus multiflorus)*, le houblon, la vigne, voire des arbres fruitiers en espalier.

Autrefois, le bois était un matériau peu coûteux, mais, aujourd'hui, ceux correctement conditionnés, tels le chêne, le châtaignier et le pin, représentent un investissement relativement important. Pour réaliser des économies, mieux vaut acheter une clôture préfabriquée, encore que les modèles proposés restent souvent d'une simplicité désespérante. Une seule visite dans un centre de jardinage ou un dépôt de matériaux suffit à se rendre compte de la pauvreté de l'imagination des fabricants dans ce domaine. Si, pour votre jardin, vous désirez une clôture de bonne qualité, vous aurez le choix — fort mince ! — entre la faire monter sur mesure ou, tout au moins, la faire adapter à partir d'une gamme disponible dans le commerce.

Vous devriez trouver, en différents formats, du treillis, du clayonnage, des croisillons et du bambou prêt à l'emploi. Chacun de ces matériaux convient à la fabrication d'une enceinte, surtout si vous compter la dissimuler derrière un rideau de plantes. Si la clôture occupe une place prépondérante dans votre jardin et que vous désirez la construire en bois dégrossi ou rustique, il vous faudra peut-être vous rendre chez un marchand spécialisé.

Autre matériau fort approprié aux entourages, particulièrement en milieu urbain : le métal. Moyennant une petite fortune, vous vous procurerez une grille ancienne en fer ou une copie en fer forgé ou en aluminium. Rien ne vaut les formes simples et classiques d'autrefois. Une grille métallique exige peu d'entretien. Il vous suffira, de temps en temps, d'enlever la rouille et d'appliquer une couche de peinture. Les autres types de clôtures — treillage en fil de fer plastifié, tendu entre deux poteaux en béton, grillage en fil de fer galvanisé ou en plastique — sont à éviter.

Clôtures et grilles peuvent être peintes dans une gamme de couleurs beaucoup plus large qu'on ne le croit généralement. De nos jours, les grilles se

1

1 *Une clôture, malgré son caractère pratique, doit toujours offrir un intérêt visuel. Ici, de courts rondins de bois plantés dans le sol délimitent avec naturel un massif de pieds-d'alouettes* (Delphinium) *et de cataires* (Nepeta x faassenii).

2

2 *S'inspirant de la tradition du jardin japonais, cette clôture a une structure des plus simples. Des pieux en bois soutiennent un « treillis » de bambous maintenu à l'aide de ficelle noire et enfoncé dans du gravier. Les adaptations européennes et américaines des jardins japonais sont rarement réussies, tandis que celle-ci forme une séparation agréable qui dévoile sans restriction ce qui se trouve derrière.*

présentent souvent en noir ou en vert bouteille alors que, jadis, elles offraient une palette allant du vert très pâle au bleu marine foncé avec des touches de doré. Il en va de même du bois. Sous les climats chauds, les teintes vives — rouge, jaune et bleu — conviennent à merveille tandis que, dans les régions plus froides, elles agressent littéralement le regard. Pour ce qui vous concerne, misez sur la prudence en préférant une alliance entre le blanc pur ou légèrement teinté et le vert profond. Un mariage sûr, ce qui explique sans doute sa popularité.

Pourquoi ne pas exploiter le champ récemment redécouvert de la peinture ? Ainsi, vous pourrez créer des effets picturaux — traits, marbrures, pointillés, peinture au rouleau en tissu —, mettre en valeur les fleurons d'une jolie clôture intérieure à l'aide de dorures. Ce type de décorations extravagantes qui, avant le XVIIIe siècle, suscitait un certain engouement, exige cependant un œil exercé et une main d'artiste. Il sera particulièrement bienvenu dans le cas d'un entourage jouxtant une haie verte, haute en couleur.

Les clôtures devant s'harmoniser avec les plantations, l'une des associations les plus fréquentes et les mieux appropriées consiste à jouer sur le contraste entre un entourage à claire-voie peint en blanc et le feuillage vert sombre des ifs ou des thuyas, voire la rousseur hivernale des hêtres ou des charmes. Dernière touche, on plantera au premier plan des bulbes acclimatés, des perce-neige précoces jusqu'aux narcisses à floraison tardive.

Les entourages pleins nécessitent le même style de plantations que les murs tandis que ceux à claire-voie se prêtent à plus de fantaisie. Rosiers et clématites briseront la répétitivité de leurs lignes géométriques. Et si vous désirez changer de décor d'une année sur l'autre, choisissez des plantes annuelles : capucines jaunes et orange ou, en cas de bon ensoleillement, ipomées *(Ipomea)* aux splendides fleurs évasées bleu ciel.

Enfin, si le devant de votre propriété s'orne d'une barrière et d'un portail en bois, profitez du printemps pour plantez, au-delà, de jolis bulbes : crocus, jonquilles, narcisses. Ainsi, vous réserverez un accueil charmant à vos visiteurs.

Choix de plantes adaptées aux clôtures : pages 138-141, listes 2 à 4, 12 et 13.

1

1 Bien conçue et d'un design intéressant, la barrière en bois convient parfaitement à ce jardin de bord de mer, soulignant la densité des arbustes et la profusion des herbacées. Les plantes destinées à ce type de jardin doivent pouvoir supporter l'air chargé de sel.
2 Pour créer un jardin dans le jardin, servez-vous de murs, de haies et de clôtures. Ici, une haie d'ifs délimite l'arrière de la parcelle tandis qu'une barrière en treillis fixée à de jolis poteaux carrés longe les trois autres côtés. Le treillis a également permis de dresser deux pyramides, idéales pour les clématites, telle C. viticella, *ou les rosiers, comme « Golden Showers ». Ce type de clôture peut être peint pour attirer plus le regard, ou habillé de plantes grimpantes.*
3 Différents motifs de treillis ornent cette barrière en bois qui contient l'abondance généreuse de ces rosiers romantiques. Très beaux, ceux-ci ne fleurissent néanmoins qu'une seule fois par an et risquent d'envahir le jardin si vous n'y prenez garde. Ces petits enclos élégants constituent un moyen astucieux de structurer le jardin toute l'année.

2

3

LES HAIES

Les jolies haies font la gloire du jardinier. Jusqu'à l'avènement du style paysager, au XVIIIe siècle, elles jouaient un rôle essentiel dans la structure des jardins. La nature se prêtait alors volontiers aux caprices de l'architecture. Habilement taillées, les haies représentaient des figures géométriques : carrés, rectangles, cercles... S'étendant à partir de la maison, elles offraient un contraste délibéré par rapport à l'abandon des terres avoisinantes. Cette tradition s'est transmise jusqu'à nos jours. Véritable aubaine pour les petits jardins car, sur une parcelle réduite, il est bien plus indiqué de former des séparations à l'aide de haies que d'essayer de reproduire, en miniature, la composition des parcs paysagers.

Les haies constituent un cadre tout à fait adapté aux plantations de taille modeste. Les ornements de jardin, surtout les sculptures, sont beaucoup mieux mis en valeur lorsqu'ils se situent à proximité d'un mur de verdure. Il conviendra de les placer au centre de la surface délimitée par les haies ou en bout de perspective, dans une niche ou sous l'arche d'une haie soigneusement taillée.

Pour ma part, j'ai tendance à apprécier un jardin en fonction de ses haies. Celles-ci reflètent avec exactitude non seulement le sens esthétique du jardinier, mais aussi les sentiments qu'il porte à sa propriété. Murs et clôtures créent des séparations immédiates tandis que les haies nécessitent plus de temps et un entretien régulier. Elles présentent également d'autres inconvénients : elles sont plus fragiles, occupent plus d'espace et risquent de menacer le développement des plantations voisines en raison de l'ampleur de leurs racines.

Avec ses deux variétés de hêtre — vert et pourpre (Fagus sylvatica *et* F.s. *« Purpurea »)*—, *l'élégante haie composée produit un effet pommelé. En hiver, les feuilles deviennent d'un roux cuivré. Elles ne tombent pas avant le début du printemps. Les deux variétés de hêtre poussent au même rythme, avantage incontestable par rapport à une haie constituée d'espèces différentes — houx, charme, aubépine et if, par exemple. Dans ce dernier cas, cependant, les changements saisonniers seront plus variés, de même que les couleurs et les formes des feuillages. Les branches nues contrasteront avec les persistants.*

1 

1 *La santoline* (Santolina chamaecyparissus) *fait de jolies bordures d'un gris nuageux. Dans ce jardin ensoleillé, il existe un fort contraste entre la teinte douce de la santoline et le feuillage sombre des plantes, notamment celui du laurier* (Laurus nobilis) *taillé en cône. La santoline nécessite une taille régulière durant l'été, non seulement pour conserver sa forme géométrique, mais aussi pour éviter l'apparition de ses fleurs jaune vif qui, sans conteste, nuiraient à l'équilibre du tableau.*

2 *Le buis* (Buxus sempervirens) *est l'une des plantes qui se prêtent le mieux à la formation de haies basses. Malgré une croissance lente il réagit bien à la taille et se plaît autant à l'ombre qu'en plein soleil. Sa variété naine* (B.s. *« Suffruticosa »*) *compose des bordures basses. Ici, un mini-rempart crénelé de buis encadre un parterre aéré de sarriette et de rue* (Ruta graveolens *« Jackman's Blue »*) *au feuillage bleuté.*

Cependant, les haies n'en restent pas moins de merveilleux éléments d'architecture vivants, qui divisent et organisent la superficie disponible. Aussi faut-il bien réfléchir avant d'en déterminer l'emplacement, la hauteur et la forme. Selon le style du jardin et de la maison, elles seront classiques ou originales, très hautes ou très basses, persistantes ou caduques. D'autres facteurs peuvent aussi intervenir, notamment la nécessité de cacher une vue peu esthétique, de dissimuler une construction utilitaire ou de créer une certaine intimité.

Sans aucun doute, les haies représentent un projet de longue haleine. C'est pourquoi vous devez les prévoir dès l'étape initiale du plan. N'hésitez pas à les dessiner à l'échelle sur une fiche, puis à les découper et à les coller aux endroits adéquats. Par ailleurs, je vous conseille de placer le modèle au centre du jardin, par une journée ensoleillée, et d'étudier la direction des ombres projetées par les futures haies aux différentes heures de la journée.

2

En effet, avant tout investissement, il est très important de connaître précisément l'incidence de la haie, parvenue à sa taille adulte, sur la structure du jardin et sur les autres plantations.

Les persistants se plantent plutôt au printemps, les haies caduques en automne. Celles déjà en pots peuvent être transplantées presque toute l'année. Les jeunes plantations sont parfois fragiles et exigent une protection temporaire. Le nombre de plants requis dépendra du choix de la haie. Mieux vaut, toutefois, en prévoir deux ou trois supplémentaires au cas où il y aurait des pertes. Malgré votre impatience d'obtenir des résultats, gardez-vous d'acheter des plants trop développés car ils mettraient beaucoup de temps à s'implanter et se laisseraient vite gagner de vitesse par de jeunes plantes plus vigoureuses.

Bonne préparation du sol et enrichissement régulier au cours des années suivantes sont l'assurance d'une croissance rapide et soutenue. Si vous plantez à l'extérieur et hors saison, veillez particulièrement à l'arrosage. Une taille et un élagage soigneux à la bonne période éviteront que la haie ne devienne chétive ou désordonnée. Cet élagage précoce, indispensable pour raviver la pousse, doit se faire légèrement en biais des deux côtés afin que la base puisse profiter des rayons du soleil et qu'il n'y ait pas de disproportion entre le haut de la haie et le bas. Bien sûr, votre travail ne s'arrête pas dès lors que la haie a atteint les dimensions requises. Il faudra encore nourrir le sol, élaguer et tailler régulièrement.

1 *Spectaculaires changements saisonniers des haies d'arbres caducs tels le hêtre* (Fagus sylvatica) *et le charme* (Carpinus betulus). *Au milieu de l'automne, leur feuillage passe du vert au doré. Le contraste des couleurs sera d'autant plus frappant en hiver, par opposition aux feuilles vert sombre et aux baies rouges du houx* (Ilex aquifolium).
2 *Superbe haie rayée d'ifs* (Taxus baccata) *avec, au milieu, une colonne de houx bariolé (variété cultivée d'*Ilex*). Bien que de croissance lente, l'if pousse plus vite que le houx. Il est possible de réaliser un effet similaire en plantant des arcs-boutants d'ifs pyramidaux dorés* (T.b. *« Fastigiata Aureomarginata ») le long d'une haie vert sombre d'ifs communs.*
3 *Le berberis à feuilles pourpres* (Berberis thunbergii *« Atropurpurea ») forme une belle haie peu classique avec ses superbes tons de rouge-pourpre, qui forcent à l'approche de l'hiver. Le berberis peut créer une impression de lourdeur mais, ici, les herbacées astucieusement disposées en arrière-plan allègent l'ensemble.*

1

2

3

A

B

C

A Plantez les haies de hêtres *(Fagus sylvatica)* et de charmes *(**Carpinus betulus**)* entre l'automne et le début du printemps. Employez des plants de 45 cm de hauteur environ et espacez-les d'approximativement 45 cm. Au moment de la plantation, réduisez la branche principale et les tiges latérales trop longues d'un tiers environ.

B Durant le deuxième hiver, réduisez à nouveau la branche principale et les tiges latérales d'à peu près un tiers. Cet élagage plutôt radical permettra de réactiver la pousse et d'obtenir une haie dense à la base bien fournie.
C Après la troisième année, taillez la haie en biais chaque été afin que la base soit plus large que le sommet.

D

E

F

D Tête de liste des plantes pour haies, l'if *(Taxus baccata)* doit être planté dans une terre bien préparée, entre l'automne et le début du printemps — de préférence, au début du printemps. Employez des plants de 45 cm de hauteur environ et espacez-les d'à peu près 55 cm. Au moment de la plantation, coupez toutes les tiges latérales trop longues et désordonnées sans toucher aux branches principales.
E Dès la deuxième année, entreprenez, chaque été, la taille annuelle de manière à obtenir des pans en biais.
F Interrompez la pousse lorsque la haie a atteint la hauteur souhaitée. Une haie parvenue à maturité nécessite une seule taille annuelle, à la fin de l'été.

Il se peut qu'une belle haie classique mette dix à quinze ans avant de vous donner entière satisfaction. Certaines espèces poussent plus vite que d'autres mais, même les plus rapides exigent au minimum cinq ans de patience. Voir une haie croître et la façonner de ses propres mains sont, je crois, deux des plus belles récompenses du jardinier. Grâce à l'outillage moderne, l'effort ne se révèle pas considérable. Et puis, lorsque la haie aura atteint sa taille adulte en hauteur et en épaisseur, vous ne manquerez pas d'éprouver un sentiment de fierté bien compréhensible. Je dois admettre que les deux premières années suivant la plantation sont plutôt déprimantes mais, une fois passé ce cap, les haies prennent vite forme et se révèlent de plus en plus intéressantes. Plus elles se rapprochent du projet initial, plus votre enthousiasme grandit.

Une jolie forme : voilà le secret de la réussite ! Les partisans de la simplicité se contenteront de varier les hauteurs et les épaisseurs des haies. Les adeptes de la sophistication tailleront des colonnes, des arcs-boutants, des arches, des « fenêtres », des créneaux, des courbes douces et des figures compliquées. Je m'étonne que l'on attache si peu d'importance au potentiel ornemental des haies, alors que cette sculpture sur un matériau vivant ajoute infiniment à l'intérêt visuel en rompant la monotonie d'une surface plane et en permettant un jeu d'ombres et de lumières comparable à celui qui se livre sur la façade d'une construction.

Il existe peu d'espèces capables de constituer de grandes haies traditionnelles. L'if *(Taxus baccata)* est sans conteste le roi des haies. Il pousse beaucoup plus vite qu'on ne l'imagine et finit par donner un mur velouteux d'un vert sombre, aisément façonnable. De surcroît, il offre un cadre idéal à toutes les fleurs de jardin. Le buis *(Buxus sempervirens)* produit sensiblement le même effet, mais pousse très, très lentement. Il faut parfois patienter plus de dix ans avant qu'il forme une haie digne de ce nom. Avec ses feuilles vert foncé, luisantes et pointues, le houx *(Ilex aquifolium)* se développe plus vite.

Les autres persistants se montrent plus dynamiques. Ils sont susceptibles de composer de belles haies, mais ils restent incapables de rivaliser avec les trois précédents. En tête de liste se situent les conifères, tels les différentes espèces et hybrides du thuya et du *Cupressus,* le laurier du Portugal et le laurier-cerise *(Prunus lusitanica* et *P. laurocerasus).* Le laurier pose un problème d'entretien car il doit absolument être élagué à la main pour éviter de blesser les feuilles, lesquelles se révèlent parfois trop larges pour les parcelles extrêmement réduites. Plantes caduques, le charme *(Carpinus betulus)* et le hêtre *(Fagus sylvatica)* peuvent aussi constituer des haies. Ils sont faciles à modeler et présentent l'avantage de garder leurs feuilles tout l'hiver. D'un superbe brun roux, ils préservent le jardin contre la tristesse des mois les plus ingrats de l'année, qualité esthétique à ne pas négliger.

Pour ce qui me concerne, je ne comprends pas qu'on méprise autant les haies composées, faites d'une association de plantes persistantes et caduques, tels le charme, l'aubépine *(Crataegus monogyna)*, le houx et l'if. L'ensemble paraîtra moucheté, à moins que vous ne disposiez chaque espèce au minimum sur un mètre et que vous ne lésiniez pas sur les persistants. Si vous souhaitez réussir une haie composée, n'employez pas plus de trois variétés de plantes différentes et respectez un certain équilibre entre les teintes et les tailles des feuilles.

Les haies naines servent à délimiter les massifs géométriques. Dans le cas d'un parterre de buis, le jardin se composera uniquement de haies, constituées le plus souvent de buis nain *(Buxus sempervirens* « Suffruticosa ») et disposées selon un schéma symétrique, sur un sol gravillonné. C'est ce que l'on appelle techniquement un parterre « fermé » par opposition au parterre « ouvert », lequel permet d'inclure des roses et autres plantes annuelles. Imité de l'ancien dessin roman, ce type de conception a fait fureur pendant plus de deux siècles et se révèle, aujourd'hui encore, une façon plaisante d'aménager une surface restreinte.

Les motifs varient du plus complexe à un simple cercle figurant au centre d'un carré ou d'un rectangle. Tracez-en le canevas sur une feuille de papier quadrillé et calculez le nombre de plantes requis. Le sol doit être nivelé et désherbé. Pour un parterre « fermé », étendez une feuille de plastique noir par terre sur laquelle vous dessinerez vos figures avant d'y percer des trous pour planter vos haies. Ensuite, recouvrez le plastique d'une couche de sable, puis de gravier. Pour un parterre « ouvert », il vous faut établir des repères à l'aide de cordeaux afin de former une grille qui vous

Le soleil hivernal accentue la transparence de cette haie. En été, les haies adultes de hêtres (Fagus sylvatica) *et charmes* (Carpinus betulus) *sont denses tandis qu'en hiver, elles perdent de leur épaisseur, même si leurs feuilles d'un roux caramel ne tombent pas. Quoi qu'il en soit, la beauté du feuillage hivernal compense cet inconvénient. Les haies de hêtres et de charmes se taillent au milieu de l'été et non en hiver.*

1

2

permettra alors d'inscrire votre dessin à même le sol. Un buisson de buis isolé de 15 à 20 centimètres mettra environ cinq ans pour atteindre sa maturité, à condition que vous le nourrissiez régulièrement avec de l'engrais d'os et que vous le tailliez chaque année, en début d'été.

Pour concevoir un parterre, rien ne vaut le buis nain qui non seulement embaume, mais forme, dès sa plantation, le squelette du motif. Seconde de la liste, la santoline *(Santolina chamaecyparissus)* constitue de jolies haies argentées. Elle devra être remplacée tous les cinq à huit ans par des boutures que vous aurez prélevées la saison précédente. Ces haies naines vous donneront satisfaction toute l'année car, non seulement esthétiques, elles s'insèrent parfaitement dans une composition formelle. Osez les utiliser dans un potager comme bordures de plates-bandes. Romarin taillé et autres plantes aromatiques feront des mini-haies au désordre bien sympathique.

Les haies irrégulières entrent dans une catégorie beaucoup plus vague que les haies formelles. Celle-ci inclut arbustes et rosiers alignés pour former une bordure un peu folle et souvent fort romantique. Elle regroupe un grand nombre de plantes qui compensent leur absence de géométrie par une profusion de fleurs, de senteurs et de fruits.

Le laurier-tin *(Viburnum tinus)* formera une haie persistante très haute, magnifique par ses feuilles luisantes et ses fleurs dont le blanc nuancé de rose et l'odeur sucrée mettront une touche de gaieté dans la grisaille de l'hiver. Parmi les plantes caduques, l'équivalent est l'arbre-à-la-perruque *(Cotinus coggygria)* dont le feuillage pourpre offre beaucoup d'intérêt. En effet, avant de tomber, ses feuilles virent à l'orange, au jaune et au rouge violacé. Magnifique matériau pour les haies, la *Rosa rugosa* pousse même dans les sols les plus pauvres et se couvre de jolies fleurs pendant longtemps. J'affectionne tout particulièrement la variété « Roseraie de

3

L'Hay » avec ses feuilles jaune-vert et ses fleurs violet-pourpre au parfum entêtant.

Un jardin nécessite souvent de petites haies sauvages pour border massifs et allées. La cataire *(Nepeta x faassenii)* apporte une note poétique avec ses fleurs estivales d'un doux bleu-violet ainsi que son feuillage gris et plumeux qui dure toute la saison de la pousse. Les œillets, quant à eux, ne déçoivent jamais, quelle que soit leur variété. Ils distillent un parfum entêtant, tout comme le romarin, trop souvent oublié dans les bordures. Variété qui compose très vite des haies touffues, « Jessop's Upright » donne dès le début de l'été de superbes fleurs pourpres. Agréablement parfumés, romarin et lavande feront merveille autour d'un massif de roses blanches ou jaunes.

Choix de plantes adaptées aux haies et bordures : pages 139-140, listes 6 à 8.

1 *La capucine rouge* (Tropaelum speciosum) *illumine cette haie, qui ne fleurit pas, d'une explosion de couleur. Herbacée vivace, elle pousse sur un rhizome grimpant et se plaît particulièrement dans les régions froides et humides. Elle ferait encore un plus bel effet contre le vert sombre de l'if.*
2 *La haie peu classique d'*Hypericum *« Hidcote » présente une glorieuse abondance de fleurs bouton-d'or durant la seconde moitié de l'été. De par sa couleur vive, cette haie constitue un élément dominant du jardin et exige donc un emplacement judicieux.*
3 *Les camélias servent rarement à former des haies. Pourtant, grâce à leurs feuilles vert sombre et luisantes ainsi qu'à leurs fleurs élégantes, ils font, une fois conduits, de superbes écrans originaux. Les plus résistants sont les hybrides du* Camellia x williamsii, *tel « St. Ewe » présenté ici. Les camélias n'aiment guère les sols calcaires, mais se plaisent dans la plupart des bonnes terres acides ou neutres. Ils tolèrent la demi-ombre.*

PORTES ET PORTAILS

Un portail de jardin s'enveloppe toujours d'une certaine magie. Son rôle apparemment évident, qui consiste à donner accès aux visiteurs et à écarter les indésirables et les chiens errants, s'assortit d'une connotation psychologique plus complexe. Le portail, c'est la voie vers un autre monde, un monde meilleur, mystérieux. Gardien du jardin, il permet d'entrer dans un lieu secret, inviolé et réservé à quelques privilégiés. Il préserve l'intimité, la tranquillité.

Par ailleurs, le portail est important dans ce sens où on l'utilise souvent et où il s'offre au regard de tous. Aussi, ne reculez pas devant cette dépense ; vous réaliseriez une fausse économie ! Pour le comprendre, il suffit de visiter l'un de ces grands jardins d'autrefois où la première impression est toujours donnée par les élégants piliers surmontés d'un faîteau en forme de boule ou d'ananas, voire d'une bannière héraldique, et qui encadrent des grilles en fer forgé magnifiquement ouvragées en arabesques et décorées de dorures. Ils démontrent avec brio la valeur des portes et des portails comme éléments de design, et cela quelle qu'en soit l'échelle.

Un portail permet de franchir un barrage — haie ou mur plein — qui, en général, marque les limites légales de la propriété. Dans un petit jardin, ces barrières seront de deux sortes : le portail principal menant, le plus souvent, à un jardinet de façade, et le portail donnant sur l'arrière de la maison. À ceux-ci s'ajoute un troisième : la barrière qui, au sein du jardin, servira d'ornement, assurera une séparation et créera la surprise.

Selon sa fonction, le portail sera simple ou double, plein ou à claire-voie, haut ou bas. S'il doit garantir une certaine intimité et empêcher les animaux domestiques de sortir, il sera plein et haut ;

La barrière et le portail en bois peint s'harmonisent parfaitement avec la maison de campagne. Avec leur air sans prétention, la simplicité de leurs proportions, de leur matériau et de leur design, ils s'insèrent à merveille dans ce cadre rustique auquel s'ajoute un jardin au désordre charmant. Bordée d'une haie d'ifs, la barrière aurait produit un aussi bel effet depuis la route, mais peut-être aurait-elle projeté trop d'ombre sur les plantations. En revanche, les conifères apportent hauteur, intimité et note sombre sans pour autant « écraser » l'ensemble.

1

2

s'il doit permettre le passage d'une voiture, il sera large — double de préférence.

Le choix des matériaux dépend de trois facteurs : l'usage du portail, la nature de la clôture et l'architecture de la demeure. Il faut, en effet, respecter une harmonie visuelle. En outre, le concepteur devra réfléchir au poids — une grille métallique est lourde à manipuler — ainsi qu'aux impératifs d'entretien. Les portails existent en bois, en métal et en plastique, encore que cette dernière matière manque d'esthétisme du fait de son aspect synthétique. Malgré ce choix, il est décourageant de voir à quel point la gamme des portails de bonne qualité disponible dans le commerce demeure limitée. Trop souvent, les articles proposés sont conçus selon un critère ornemental. Pourtant,

3

1 *La porte en bois plein crée une intimité totale tout en permettant de franchir ces hauts murs en briques. De plus, elle ajoute au mystère et donne envie de découvrir ce qui se cache derrière. Tâche de couleur grâce au feuillage rose et printanier d'un* Pieris.
2 *La transparence de cette grille en fer forgé de style gothique permet d'apercevoir le jardin de feuillages. Ce type de grille est difficile à trouver, mais vous pouvez en faire fabriquer une sur mesure. Monotone, le mur en briques se voit astucieusement habillé de plantes, dont un lierre bicolore et un hybride de la clématite à grosses fleurs qui illumine la masse sombre de la verdure.*
3 *Associé à une clôture en bambou originale, ce portail simple en treillis de bambou produit un contraste agréable avec les éventails de feuilles du palmier et le feuillage tropical de ce jardin à l'orientale.*

A

A Simple et bien proportionnée, la grille en fer ouvre une brèche dans une haie. La transition est soulignée par quelques marches et une paire de baquets en bois.

B

B L'arrière du jardin et son portail peuvent avoir autant de style que le reste. Ici, une porte pleine et sobre termine une allée de briques surmontée d'arches où courent des haricots d'Espagne.

C L'accès au garage reste encore inadéquat dans bon nombre de jardins. Un portail à double battant peut, tout à la fois, permettre le passage d'une voiture et constituer un élément de décor.

C

même la barrière en bois la plus élémentaire peut faire merveille avec un joli motif, une poignée et des gonds simples mais élégants.

Vous installez de nouveaux portails ou en remplacez d'anciens ? Profitez de l'occasion pour considérer à la fois les aspects esthétiques et les aspects pratiques du problème. Au sens propre du terme, le portail encadre aussi bien la maison que le jardin. Aussi, envisagez sa disposition suivant ces deux aspects et observez-en l'effet en position ouverte et fermée. Le portail principal doit mettre en valeur la façade de la demeure et mener le plus directement possible au perron. La barrière de jardin doit s'insérer dans l'ensemble du décor tandis qu'en général, le portail arrière répond plus à des considérations d'ordre pratique et de sécurité.

Les portes arrières et latérales ont avant tout une vocation utilitaire. Aussi, mieux vaut les placer de façon à les dissimuler, ou les cacher derrière une haie, une clôture, un treillis ou un rideau de légumes grimpants : haricots ou plantes rampantes, tel le *Polygonum baldshuanicum*. Dans le cas assez rare où la grille attire le regard vers une perspective agréable, une vue sur un paysage de campagne par exemple, elle peut devenir un élément d'architecture.

Il en va tout autrement du portail principal. Composant architectural, il doit servir d'introduction à la maison de par ses dimensions, son design et ses matériaux. Le style de votre demeure et votre attitude face au monde extérieur détermineront le rôle du portail. Si vous souhaitez vous isoler, optez pour de hautes haies, des murs et une porte pleine. Si, au contraire, vous désirez offrir maison et jardin au regard des curieux, préférez les murets assortis d'une barrière des plus discrètes. Les plantations voisines influent également sur l'aspect du portail d'entrée. Surplombé d'une arche de clématites entrelacées, il sera romantique et charmant ; encadré d'une haie géométrique, d'ifs par exemple, il deviendra plus formel.

Négligée alors que beaucoup plus intéressante, la barrière de jardin permet de séparer une parcelle d'une autre, un jardin d'agrément d'un potager, ou une roseraie d'un carré d'herbes aromatiques. Elle crée l'illusion d'en voir davantage, fait naître une envie de découverte. Pour cela, il faut néanmoins posséder un terrain d'une taille raisonnable. Ce type de clôture réussit tout particulièrement à rompre la monotonie de ces longs jardins rectangulaires, situés à l'arrière des pavillons de banlieue. Assortie d'un muret, d'une haie ou d'un treillis, et surmontée d'une arche élégante, elle constitue un moyen vraiment esthétique d'agencer l'espace disponible. Vous devrez cependant prêter attention à la hauteur de la séparation afin qu'elle ne projette pas trop d'ombre et, dans l'éventualité d'une haie, qu'elle n'empêche pas les autres plantes de se développer à cause de ses racines.

Un tel portail sera encore plus attrayant si quelques marches, même réalisées avec des matériaux simples (pierre, briques ou pavés), y conduisent. Une autre possibilité consiste à aménager un léger dénivelé. Par ailleurs, ces séparations produiront un meilleur effet si elles permettent d'apercevoir ce qui se trouve au-delà. Dans le cas d'un jardin clos de murs, une porte en bois plein fera parfaitement l'affaire car, en s'ouvrant, elle révélera un petit monde jusqu'alors gardé secret.

Il me semble que l'on n'accorde pas assez d'attention aux piliers de portail. Bien trop souvent, ils se voient réduits à une simple paire de poteaux en bois cubiques. Pourtant, même sur une parcelle restreinte, ils participent indéniablement au design, à condition, toutefois, de rester en harmonie avec le style de la maison et du jardin. Ainsi, un couple d'aigles en pierre, aux ailes déployées, jureront associés à une demeure campagnarde blanche et noire. Quoi qu'il en soit, les piliers de portail sont bien mieux mis en valeur s'ils s'accompagnent d'une paire de faîteaux. Disponibles dans le commerce, boules et ananas en pierre reconstituée amélioreront considérablement l'aspect de deux piles en briques. De même, des urnes se prêteront volontiers à des plantations saisonnières de bulbes ou de pélargoniums. Pour rendre l'approche de la barrière de jardin encore plus agréable au regard, vous pouvez également disposer de chaque côté de superbes sculptures — chiens ou lions couchés, sphynx, statues —, voire des pots en terre cuite que vous ornerez de plantes différentes selon vos préférences et la saison. Enfin, vous placerez l'accent sur le portail en le coiffant d'une arche en dur ou formée de verdure.

Associés aux clôtures, haies et murs, les portails marquent encore davantage les séparations au sein du jardin. Surplombé d'une arche, ce simple portail en bois blanc permet de franchir la haute haie caduque. Son importance, de même que la transition, se trouvent mises en valeur par quatre grands bacs en terre ornés de mini-pyramides de buis et disposées symétriquement sur l'allée pavée.

LES ARCHES

L'arche est le moyen le plus simple dont dispose le jardinier pour contrôler la perspective du jardin, placer l'accent uniquement sur ce qui doit être vu. Simple et dépouillée, elle participe à la construction du jardin et, en cette qualité, en est l'un des composants les plus anciens et les plus esthétiques. Qu'elle soit fabriquée en dur — pierre, briques, bois, treillis, métal — ou constituée de verdure, elle reflète plusieurs années d'efforts et de patience pour conduire, nouer et pincer les plantes.

L'arche surplombe presque toujours une allée, jouant ainsi le rôle de portique. Parfois, elle domine une barrière, parfois, elle se dresse seule. Pour ma part, j'estime qu'une arche a partout sa place, même dans un espace très restreint. Dans ce cas, pour éviter qu'elle n'écrase de sa superbe les autres plantations, je l'installerais, par exemple, contre un mur éloigné où elle encadrera à merveille une statue, un ornement ou une source. Il faudra, naturellement, permettre un certain recul afin de pouvoir l'apprécier à sa juste valeur. Sur une parcelle de bonne taille, pourquoi ne pas bâtir l'arche à mi-distance de façon à ce qu'elle partage le jardin en deux ? Attention, toutefois, à l'orienter vers un pôle d'attraction, sinon la perspective serait trop vaste ! Il pourra s'agir d'une urne ou d'un cadran solaire. L'arche sert également de transition entre une surface dallée et un carré de nature sauvage. Songez aussi à l'arcade qui, formée de plusieurs arches, délimitera la croisée de quatre allées. Cependant, veillez à ce qu'elle ne soit ni trop imposante, ni trop sophistiquée.

Les arches « vives » exigent un peu plus de patience que les haies pour une raison évidente : elles doivent être plus hautes — deux mètres

L'if (Taxus baccata) *est le meilleur matériau pour former des arches « vives » et des haies. Dense et touffu, il se prête parfaitement à la taille et, même avant cette opération, forme de jolies bordures. Ici, il compose les haies ainsi que la magnifique arche, assez large pour permettre le passage de deux personnes côte à côte. L'arche se voit soulignée par des colonnes d'if pyramidal et par la marche qui conduit à la pelouse, derrière.*

1

2

et demi au minimum — afin de permettre aux visiteurs de passer dessous sans avoir à se pencher. De même, elles nécessitent une conduite plus soigneuse, surtout en ce qui concerne les branches supérieures.

Comme pour les haies, mieux vaut tracer le dessin de l'arche sur une feuille indépendante que vous découperez ensuite et collerez sur le plan d'ensemble. Pour atteindre la perfection, une arche mettra huit à dix ans. Mais, ne vous découragez pas pour autant car vous vivrez un moment d'intense satisfaction quand les branches, de chaque côté, auront poussé suffisamment haut pour être reliées et fixées à l'aide d'attaches. Et, en fin de compte, vous aurez créé une magnifique pièce d'architecture de jardin qui suscitera l'émerveillement.

Là encore, vous obtiendrez des résultats plus rapides en plantant un *Cupressocyparis leylandii* qui, en cinq ans seulement, formera une arche digne de ce nom. À l'inverse, le houx *(Ilex aquifolium)* pousse très lentement et nécessite une bonne quinzaine d'années avant de produire son effet. En terme général, ce sont les plus belles plantes qui requièrent le plus de patience. Néanmoins, si vous désirez concevoir une arche de persistants, cela vaut la peine d'attendre et d'utiliser le meilleur matériau, à savoir l'if *(Taxus baccata)*. Ce dernier compose les arches les plus robustes et se prête particulièrement bien à la taille ornementale. Sous votre sécateur surgiront toutes sortes de colonnes et de faîteaux...

Le hêtre *(Fagus sylvatica)* et le charme *(Carpinus betulus)*, arbres caducs parfois employés comme haie, font, eux aussi, de belles arches « vives ». Ils ne permettent pas une taille aussi précise que l'if, mais n'en possèdent pas moins leurs vertus spécifiques, produisant, en été, une masse dense de

verdure après le gai bourgeonnement de printemps. Bien qu'ils conservent leurs feuilles, ils ont tendance, l'hiver, à perdre de leur épaisseur. Toutefois, ils compensent ce phénomène par une jolie rousseur chaude qui s'illumine sous les rayons du soleil hivernal. Leurs changements saisonniers se remarquent toujours davantage sur une arche que dans une haie.

Réjouissez-vous si, par chance, votre jardin s'orne déjà d'une arche en briques ou en pierre, car celle-ci confère à l'ensemble un air de distinction qui, pour la plupart des jardiniers, ne représente qu'un rêve irréalisable. En effet, construire une arche à partir de ces matériaux constitue une folle extravagance. Si vous vous y entendez parfaitement en maçonnerie, peut-être pourrez-vous entreprendre les travaux tout seul. Cependant, dans la majorité des cas, un tel projet exigera les services d'un professionnel qui, très probablement, fera lui-même appel à un architecte. Quant au design, vous avez le choix entre imiter ou adapter l'arche d'un voisin ou celle que vous aurez admirée dans un livre ou un magazine. Photographiez celles qui vous plaisent afin de pouvoir les comparer et n'hésitez pas à consulter les ouvrages disponibles à la bibliothèque municipale. Le style de l'arche doit toujours s'harmoniser avec celui de la maison. Il s'affinera et s'adoucira grâce à quelques plantes grimpantes capables de pousser sur les murs.

Les plantes conduites sur une structure en dur, telle une arche en maçonnerie, sont susceptibles de créer un effet très semblable à une arche « vive », surtout si elles poussent de façon entrelacée et s'accompagnent d'un feuillage touffu. L'arche en

1 *Habillée de plantes grimpantes, tel le rosier, cette structure simple donne de la hauteur au jardin et convient particulièrement si vous souhaitez éviter l'ombre projetée par les arbres. Ces deux arches métalliques identiques supportent des rosiers grimpants et offrent un spectacle des plus charmants.*
2 *Le passage étroit de cette arche d'ifs offre une perspective bien tentante sur le fond du jardin. Découvrir le jardin petit à petit permet de soutenir l'intérêt visuel et d'augmenter l'impression d'espace.*
3 *Couverte de clématites, cette arche métallique sobre orne une barrière en bois. Ensemble parfait pour une maison de campagne. Styles et matériaux se marient superbement et s'harmonisent avec le jardin. Cependant, la froideur du métal peut déplaire à certaines plantes.*

3

A

A Même dans un petit jardin, les arches permettent de polariser le regard et d'élever la perspective. Portant des roses et des clématites, plantes qui se marient bien, ces arches métalliques assurent la transition entre les quatre allées et une petite place pavée.

B

B Plante pour haie la plus architecturale, l'if *(Taxus baccata)* peut être conduit de façon à former une arche de verdure sombre et dense. Résistez à la tentation de conduire trop tôt les branches supérieures.

1

1 *Structure à part entière, l'arche fait plus d'effet si elle est plus sombre que la perspective qu'elle encadre et, partant, crée un clair-obscur. Dans cet exemple, il existe un contraste entre la partie ensoleillée, ornée de plantes aux feuillages gris et argent, et l'arche en briques surchargée de lierre de couleur foncée. Le dallage détonne complètement. Une erreur qui nuit à l'ensemble !*

2 *Cette arche en briques qui, à l'évidence, ne joue aucun rôle pratique est un luxe que peu de jardiniers peuvent se permettre à l'heure actuelle. Néanmoins, elle est de ces structures ornementales qui transforment un coin de verdure agréable en un jardin de style et de qualité. L'ajout de faîteaux, boules ou ananas, l'aurait encore mieux mise en valeur.*

2

métal, en bois, voire en plastique, est d'un usage beaucoup plus courant. Pour ce qui me concerne, je trouve que la surface synthétique et brillante du plastique s'accorde mal avec la végétation destinée à la recouvrir. Les arches métalliques les plus simples, généralement accompagnées d'un support en fils de fer entrecroisés, feront toujours merveille avec un rosier, « Maigold » par exemple, et des clématites. Leur discrète élégance évoquera les jardins des demeures de style victorien.

Quel dommage que les arches rustiques, pourtant si jolies, évoquent instantanément l'image un peu démodée des jardins de banlieue de l'entre-deux-guerres alors qu'en réalité, elles conviennent au style des fermes ou maisons de campagne et non pas à celui des maisons jumelées des années vingt ! Si vous souhaitez installer une arche en bois dans votre jardin citadin, préférez-en une à l'architecture appropriée avec, pourquoi pas, un treillis pour soutenir les plantes grimpantes.

Il existe, bien entendu, une gamme très étendue de plantes grimpantes. Une arche « vive » doit, avant tout, leur laisser la vedette. Cela ne signifie pas pour autant que les matériaux et la construction n'ont aucune importance. En effet, la structure de l'arche demeurera visible durant une assez longue période de l'année.

Autre élément essentiel : la couleur. Les plantes qui poussent sur l'arche se trouvent au premier plan et doivent donc présenter un ton plus soutenu que ce qui leur succède. Sinon, les plantations du fond attireront trop le regard.

Merveille insolite que cette arche feuillue et triomphale qui couronne une barrière en bois, coincée entre deux maisons du XVIIIe *siècle. Il lui a probablement fallu plusieurs années pour atteindre cette taille mais, aujourd'hui, elle exige très peu d'entretien. Les espèces et variétés cultivées de* Pyracantha, *des arbustes persistants chargés de baies vives en automne, ou des plantes à fleurs tel le forsythia auraient produit un effet tout aussi réussi.*

L'arche encadre une perspective et, de ce fait, nécessite des coloris appuyés tels le rouge, le blanc éclatant, le jaune et le pourpre. Ainsi, ce qui se situe en arrière-plan paraîtra encore plus éloigné. Si vous plantez d'un côté un rosier grimpant à floraison multiple et, de l'autre, une clématite à floraison prolongée, *C. macropetala* par exemple, votre arche se parera de fleurs de la fin du printemps au début de l'automne.

Songez que vous pouvez également placer de chaque côté une paire d'urnes ou de pots en terre cuite remplis de plantes saisonnières, qui se détacheront parfaitement contre les piliers de l'arche.

Choix de plantes adaptées aux arches : pages 138-140, listes 2 à 4, 6 à 8, et 10.

L'ARCHITECTURE AU SERVICE DES PLANTES

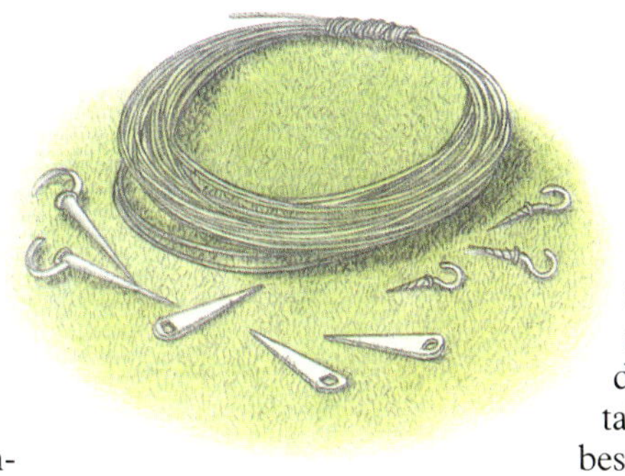

Par le passé, le jardin était autant, sinon plus, le royaume des architectes que celui des horticulteurs et, au fil des siècles, on rencontre parmi les grands noms du design de jardin de nombreux architectes, notamment Leon Battista Alberti (1401-1472). Pour comprendre l'architecture de jardin, il convient de se replacer dans cette perspective historique. L'époque victorienne connut, en effet, une véritable guerre entre les partisans de l'école paysagiste, qui prônaient les vertus des structures végétales, et les adeptes du jardin formel, qui militaient en faveur des ornements annexes, statues et constructions. De là naquit un style classique et mixte, alliant éléments architecturaux et éléments naturels.

Mais il s'agissait alors d'un débat entre professionnels, s'appliquant aux très grandes parcelles. En quoi nous concerne-t-il, nous qui vivons une ère de petits jardins entretenus, en majorité, par leurs propriétaires ? En fait, les jardins furent bientôt considérés comme trop restreints pour inclure des structures autres que végétales et, très vite, les plantes prirent le dessus sur l'architecture. Or, même sur la parcelle la plus réduite, cette dernière reste primordiale. Voilà pourquoi j'ai choisi d'intituler ce chapitre « L'architecture au service des plantes » et le suivant, « Les plantes au service de l'architecture ».

À bien des égards, la conception d'un jardin fait appel à des notions d'architecture. Maison et jardin doivent être envisagés sur un plan d'égalité et non pas comme deux concepts adverses. Tenez-en compte au moment de tracer le plan de votre petit jardin ! D'ailleurs, qui oserait nier que, pour se développer pleinement et être mises en valeur, les plantes, depuis les berceaux de roses jusqu'aux cascades de clématites, nécessitent un support architectural ? Sans oublier qu'une pergola ou une arche bien conçue ornera l'ensemble douze mois sur douze, ajoutant ainsi au tableau une ligne verticale. Et il n'est nul besoin de préciser que ce type de tuteur exige des proportions équilibrées et une conception soignée. En outre, l'architecture assure le lien indispensable entre le jardin et la maison, certaines structures allant même jusqu'à se rattacher à la façade de la demeure pour créer un ensemble harmonieux.

Je crois en l'influence bénéfique d'une architecture bien définie sur la nature, à condition néanmoins que soit respecté un certain équilibre. Feuillages et fleurs se révéleront cent fois plus beaux si, par leur forme, ils offrent un net contraste avec leur support. Il suffit, pour s'en convaincre, de contempler l'opposition entre les branches enchevêtrées du rosier et la grille géométrique d'un treillis.

Par essence, les plantes grimpantes symbolisent les membres indisciplinés de la société végétale. Aussi faut-il maîtriser leur croissance par une conduite et une taille précises. Lorsqu'elles poussent le long d'une façade, elles sont mises en valeur et régies par l'architecture. Dans le jardin, n'hésitez pas à leur faire subir un traitement identique.

Les structures de jardin ne doivent pas se contenter de servir de supports aux plantes. Elles doivent aussi se montrer intéressantes et esthétiques, surtout dans le cas d'espèces caduques. Ainsi, une fois dépouillées de leur tapis de feuilles et de fleurs, elles ne défigureront pas le paysage.

PERGOLAS ET TONNELLES

Comme son nom l'indique, la pergola est originaire d'Italie. Dans les jardins de l'ancienne Rome, les pergolas, piliers en pierre supportant une structure en bois, étaient coiffées de plantes grimpantes dont le feuillage procurait un abri contre les rayons du soleil méditerranéen. On peut encore en admirer quelques exemples parmi les ruines de Pompéi. S'inspirant des descriptions de Pline le Jeune, les architectes de la Renaissance agrandirent les jardins des villas et utilisèrent les pergolas comme corridors de raccordement. Celles-ci se voyaient presque toutes tapissées de vignes dont certains descendants offrent aujourd'hui un spectacle magnifique, surtout lorsqu'ils se couvrent de fruits ou que leurs feuilles changent de couleur.

L'arcade ressemble à la pergola mais, composée d'une succession d'arches, elle présente un profil rond (tandis qu'une pergola est toujours de forme rectangulaire et surmontée d'un toit plat).

Pour sa part, la tonnelle est un berceau de verdure dont les arbres, arbustes et plantes grimpantes qui la composent projettent leur ombre. Parfois, leur conduite n'exigera aucun support mais, très souvent, une structure de type pergola sera nécessaire pour soutenir les plantes grimpantes. Sous le chaud climat méditerranéen, la tonnelle fait office d'abri ombragé. Dans les régions plus tempérées, il est peut-être malvenu de créer une ombre trop dense. Dans ce cas, il vaut mieux,

Une pergola donne une emphase verticale au jardin et offre un support à un large éventail de plantes grimpantes. Souvent —comme ici—, elle sert également à encadrer une perspective. Cette pergola est extrêmement bien construite avec ses solides poutres en bois traité et ses montants entourés d'un grillage en plastique à l'intention des plantes grimpantes. Classiques, les plantations associent les roses blanches et roses, les clématites dont la floraison dure longtemps, les digitales blanches, le cataire et les géraniums roses (dans les massifs du dessous).

1

2

1 *Une pergola ou une arcade doit toujours conduire à quelque chose, ne serait-ce qu'à un petit ornement ou à une plante en pot. Celle-ci mène à un banc de jardin d'où l'on peut admirer pleinement les roses blanches et roses qui courent le long des arches. La structure en fer est munie d'arches latérales qui soutiennent le toit en arc de cercle.*

2 *Simple, cette pergola en bois s'orne d'un mélange de* Rosa filipes *« Kiftsgate » en fleur, de vigne et de clématite. Grâce à cette association, la structure présente un intérêt visuel tout au long de la saison de la pousse. Ici, par exemple, le rosier atteindra le summum de sa beauté au milieu de l'été. La clématite prendra la relève, puis, au début de l'automne, les feuilles de vigne vireront peu à peu au jaune pâle avant de devenir rouges. Des haies de buis disposées des deux côtés mettent en valeur les lignes de la pergola.*

en général, suggérer l'enclos par des plantations moins touffues, en choisissant, de préférence, une partie ensoleillée et agréable du jardin.

De toute évidence, il faut éviter de construire la pergola ou l'arcade sous un gros arbre ou à proximité, car celui-ci donne déjà de l'ombre et de la hauteur. Par ailleurs, il risquerait de nuire au développement des autres plantes. En revanche, il convient d'installer la structure au-dessus d'une surface dallée, l'herbe ayant besoin de soleil pour pousser. Et puis, elle protégera les dalles de la pluie.

Attention, cependant ! Pergola et arcade peuvent facilement « écraser » un petit jardin, et même la plus modeste accaparera trop le regard si elle se trouve placée au centre. Aussi est-il préférable de la positionner en biais afin qu'elle divise la parcelle en deux, séparant, par exemple, le jardin d'agrément du potager. La frontière paraîtra encore plus

3

définie si l'on installe du treillis entre les montants d'un seul côté. Par ailleurs, il est possible de relier la pergola aux murs extérieurs de la maison ou à ceux du jardin, voire à la clôture. Vous obtiendrez ainsi une retraite ombragée et paisible d'où vous aurez tout loisir d'admirer votre œuvre. Où que vous la situiez, la pergola devra attirer le regard vers un pôle d'intérêt, ne serait-ce qu'un gros pot de fleurs.

Il existe un vaste choix de matériaux appropriés à la construction d'une pergola ou d'une arcade. Au bas de l'échelle, se trouvent les « tunnels » en métal plastifié. Peu esthétiques, il doivent s'habiller d'un tapis de feuillage luxuriant. Les arcades se composent d'une série de supports et d'arches soit en métal, soit en bois. Celles en métal exigeront parfois d'être faites sur commande. Autre possibilité : réaliser une arcade délicate à l'aide de treillis.

3 *La simplicité de cette arcade métallique sied parfaitement au potager vers lequel elle conduit. Légumes et fleurs — courgettes et pois de senteur — l'habillent, dominant un tapis de marguerites jaunes. Joliment bordée de buis, une allée en briques mène à un jardin aromatique éclairé par la douce teinte rose du rosier commun.*

A

A Une pergola constitue un élément vertical prépondérant, mais l'axe qu'elle crée par la répétition de ses structures d'encadrement est encore plus important. Celle-ci conduit, à travers un jardin formel, vers un petit bassin dont la luminosité contraste avec l'ombre de la pergola.

B

B Même dans un petit jardin, une pergola a toujours sa place. Toutefois, pour limiter les zones d'ombre, mieux vaut réduire le nombre des traverses. Ici, la pergola s'appuie contre un des murs d'enceinte, telle une galerie permettant d'apercevoir le jardin proprement dit.

1

1 *Rien de plus facile que de construire une pergola le long d'une clôture ou d'un mur, ce qui élimine une rangée de montants. Cette solution a été adoptée pour former un « cloître » de* Wisteria sinensis *(glycine) qui pousse lentement et, en général, ne fleurit pas la première ou les deux premières années. Quoi qu'il en soit, cela vaut la peine d'attendre ! Son enchevêtrement de tiges et de branches ravira le regard, même durant les mois d'hiver.*

2 *Cette magnifique arcade en fer s'orne également de glycine. Elle produit un effet totalement différent de celui de la pergola monumentale ci-dessus, une impression de plus grande légèreté, de transparence. Cependant, comme la pergola, elle connaît une période de profusion de fleurs et de parfums, suivie de l'apparition abondante d'un feuillage plumeux pour le reste de l'été.*

Tout aussi décoratives, les constructions en bois tendre sont à la portée de n'importe quel jardinier amateur un tant soit peu bricoleur.

Il y a, néanmoins, une règle générale à respecter : plus la pergola est située près de la maison, plus elle doit présenter une structure architecturale et plus ses matériaux doivent rappeler ceux de la demeure. Il faudra donc préférer pour les piliers la pierre, la pierre reconstituée, la brique ou la tuile et, pour les traverses, des poutres en chêne ou en bois tendre ainsi que, pour les supports longitudinaux, des bois de charpente de faible dimension. En outre, le treillis peut servir à coiffer l'ensemble et à combler les intervalles entre les montants, si nécessaire. Si la pergola se trouve à proximité de la maison, évitez d'utiliser des piliers en mélèze encore pourvus de leur écorce ou en bois tendre traité à la pression. Ce type de supports s'insère mieux dans un jardin campagnard que citadin, à condition, toutefois, que l'architecture de la demeure s'y prête. Malheureusement, rares sont les concepteurs qui obéissent à ce principe, de sorte que de nombreux jardins en ville prenne un faux air rural, totalement déplacé.

Les dimensions idéales pour une pergola sont les suivantes : 2,35 à 2,70 mètres de hauteur et 2 à 2,70 mètres de largeur. Les montants doivent être espacés de 2 mètres et reliés par des fils de fer ou un grillage afin de soutenir les plantes grimpantes qui, à l'inverse du *Wisteria sinensis,* ne se révèlent pas assez robustes pour s'en dispenser. Ne lésinez pas sur la qualité du bois et souvenez-vous que les moins chers ne résistent pas longtemps.

C'est au stade des plantations que commence véritablement la fièvre de la création. Donnez libre cours à votre imagination et faites votre sélection parmi les plantes à durée de vie limitée qui apportent une satisfaction vive, mais passagère, et les plantes grimpantes qui raviront la vue et l'odorat tout au long de l'année. Un conseil : variez les plaisirs !

Dans un petit jardin, je préfère, pour ma part, jouir du spectacle le plus longtemps possible. Si la pergola est destinée uniquement à porter des roses, choisissez des espèces à floraison prolongée, telle la « Gloire de Dijon » qui, délicieusement parfumée, offre de jolis tons pâles de jaune et d'abricot, ou « Iceberg » qui, outre son odeur sucrée, se caractérise par une cascade de fleurs d'un blanc neigeux.

La pergola gardera son charme toute l'année grâce à l'adjonction d'autres plantes grimpantes comme, par exemple, la clématite persistante *C. armandii* et les diverses variétés de vignes, dont *Vitis* « Brandt » qui se distingue par son chaud coloris automnal. Si vous vivez dans une région tempérée, songez également à la fleur de la Passion *(Passiflora caerulea)* et à ses extraordinaires fleurs vert pâle striées de pourpre auxquelles succèdent une profusion de fruits orange. En conclusion, n'oubliez jamais de respecter à la lettre les instructions quant à la taille. Sinon, votre pergola risque d'être moins fleurie que prévu !

1

1 *Une tonnelle parfumée de roses grimpantes se prête merveilleusement à l'installation d'un siège de jardin et procure ombre et fraîcheur par une chaude journée. Les plantes grimpantes conviennent parfaitement à un petit jardin clos en ville, surtout s'il s'agit d'une cour pavée comme celle-ci. Elles prennent très peu de place, forment un abri contre les éléments et assurent une certaine intimité derrière leur feuillage luxuriant. Plantées sur tous les côtés, elles offrent ici une palette complète de couleurs ainsi qu'une large gamme de parfums et de fleurs.*

Choix de plantes adaptées aux pergolas et tonnelles : pages 138-140, listes 2 à 4 et 9 à 11.

2

2 Magnifique tonnelle « naturelle » formée par un entrelacs de tilleuls (Tilia). *Cette retraite agréablement ombragée est un endroit idéal où disposer un siège de jardin qui permettra d'échapper à la chaleur étouffante. Les tilleuls ont été conduits sur une structure en bois. Ils offrent l'avantage de pousser vite et d'être délicieusement odorants.*

3 Rien de plus agréable que de manger dehors par une journée ensoleillée ! Une pergola peut servir de séjour de plein air. Ici, une seule colonne cannelée supporte les poutres qui surplombent l'angle du jardin clos de murs pour constituer un petit salon de verdure. La colonne est entourée d'une vigne tandis que le mur voisin s'orne d'un figuier, symboles de l'alliance étroite entre l'art culinaire et l'horticulture.

3

TREILLIS ET SUPPORTS DE PLANTES

De nombreuses plantes, tels le chèvrefeuille, la clématite et le lierre, nécessitent un tuteur pour se développer. Bien sûr, vous pouvez répondre à ce besoin de la façon la plus rudimentaire qui soit, en combinant arbitrairement poteaux et bambous. Mais, ce faisant, vous vous priverez d'un potentiel de création énorme car, conçus avec soin, les supports sont capables de produire des effets vraiment spectaculaires.

Le treillis se situe, sans doute, en tête de liste des matériaux. Très utilisé par le passé, il fait, aujourd'hui, l'objet d'un emploi timide et utilitaire. Pourtant, vers les années 1650, il comptait parmi les éléments clés du jardin. Il servait à fabriquer des enclos ou « cabinets », des tonnelles, des pergolas, des pavillons d'été et, plus étonnant encore, maintenait les plantes s'élevant librement en colonnes, piliers et obélisques. Autant d'idées à puiser dans les images et gravures relatives à cette époque.

Le support le plus simple se compose d'un pieu enfoncé dans le sol. Dans le cas d'un rosier commun, il sera installé de manière définitive. Aussi doit-il avoir des proportions adéquates et avoir subi un traitement spécial pour le bois et inoffensif pour la plante. L'attache liant la plante à son tuteur doit, quant à elle, être agréable au regard. Songez que le bambou constitue de très bons piquets et gardez-en toujours à portée de la main. De même, les hautes herbacées qui forment de si jolies bordures requièrent un soutien pour se tenir droites. Un treillage métallique arrondi, fiché dans le sol, remplira à merveille cet office durant la saison de la pousse. Il convient de le disposer au début du printemps afin que, dès le départ, la plante puisse y prendre ses appuis et que, rapidement, son feuillage neuf

Les supports sont des caractéristiques essentielles de la composition d'un jardin. À l'exemple de tous les autres éléments, les quatre niches du Paradise Garden de sir Geoffrey Jellicoe à Sutton Place, dans le Surrey, témoignent d'une sensibilité et d'un goût très fins. Conçues spécialement pour cet usage, elles sont en fer peint. Il existe toutefois des structures moins chères en bois ou en treillis. Des plantes grimpantes au parfum sucré les habillent d'un voile de verdure pour rehausser la délicatesse de l'ensemble et l'élégance de la fontaine.

1

2

1 Ce treillis en bois traité est peu onéreux dans le commerce. D'une simplicité extrême, il transforme une allée latérale qui, sans lui, ne présenterait aucun intérêt. Deux arches, dont la plus proche porte une vigne, enjambent le dallage et le font paraître plus large qu'en réalité. Leur association permet d'accentuer la perspective et d'encadrer le jardin au fond.
2 L'alliance de ces clôtures pleines et à claire-voie produit un très bel effet et crée « un jardin dans le jardin ». Celle de droite ne se contente pas de protéger le potager ; elle sert aussi de tuteur à des arbres fruitiers en espalier. Un rosier décoratif orne le treillis aux larges interstices, lequel pourrait également faire office de support pour des légumes, tels que courgettes ou haricots.

3 Treillis aux larges interstices, construit sur mesure. Peint en blanc, il se marie avec le jasmin (Jasminum officinale) *au parfum entêtant et contraste nettement avec le feuillage en arrière-plan. Ce genre de support se montre souvent plus approprié qu'un mur plein pour diviser un jardin, en raison de sa « transparence » et de son élégance. Plus important encore, il permet d'apercevoir, à travers les fleurs et le feuillage, des haies et des arbres.*

3

camoufle le tuteur. Autour d'un massif de fleurs, pourquoi ne pas confectionner une bordure à l'aide de brindilles entrelacées afin de soutenir les plantes les moins robustes ? Ainsi, à Sissinghurst Castle, dans le jardin créé par Vita Sackville-West et Harold Nicolson, les plantes qui, tel le romarin, ont débordé de leurs limites se trouvent relevées par de mini-claies en châtaignier. Pour les attaches, préférez de la corde ou du fil de fer vert.

Outre ces exemples élémentaires et pratiques, il existe des supports en bois plus originaux qui, sans conteste, donneront du cachet à votre jardin. En effet, les tuteurs des rosiers ouvrent la voie à l'imagination. Piliers et colonnes, obélisques et pyramides ne manqueront pas de vous séduire. Ils peuvent être simplement en bois tendre traité ou se présenter dans une structure plus élaborée, peinte en blanc avec, entre les montants, un treillis. Il en va de même des supports métalliques qui, toutefois, coûteront plus cher et devront être faits sur mesure. Plus durables, ils sont néanmoins plus froids, ce qui risque de déplaire à certaines plantes.

À condition d'une bonne conception, ces types de structures architecturales pour clématite, chèvrefeuille, rosier ou autre plante grimpante se révèlent non seulement pratiques, mais aussi esthétiques. Il suffira de les grouper par deux ou par quatre pour créer le squelette dominant du jardin et ravir le regard tout au long de l'année. Bien que leur hauteur exige une fixation solide afin d'empêcher le vent de les renverser, ne les cimentez pas. Ainsi, vous pourrez toujours les changer d'emplacement.

Abordons, maintenant, le chapitre de la couleur. Je vous conseille les blancs légèrement teintés, les gris et les verts qui savent se montrer discrets. Le bois naturel traité convient à tous les jardins. Cependant, il vaut mieux le peindre lorsqu'il s'agit d'assemblages plutôt sophistiqués. Dans ce cas, l'entretien posera problème car, pour passer une nouvelle couche de peinture, vous devrez dégager les plantes le recouvrant.

Les supports pour plantes grimpantes permettent de donner de la hauteur à votre jardin et, partant, un intérêt visuel. Dans ce domaine, le treillis fait merveille. Malheureusement, on l'emploie souvent trop ou pas assez. Utilisé à l'excès, il fera ressembler le jardin à une forêt de barreaux en bois et tuera complètement la beauté des plantes. Quoi qu'il en soit, le treillis offre le moyen le moins onéreux de construire des écrans, d'habiller les murets de séparation du jardin ainsi que les murs de la maison. Selon son rôle, il produira un effet optique différent : fixé contre un mur, il formera un dessin à deux dimensions tandis que, planté en clôture, il constituera une paroi à claire-voie laissant uniquement deviner les détails tout proches. « Mur transparent », il constitue un allié précieux pour le jardinier.

Disponible partout, le treillis est souvent de mauvaise qualité (interstices trop grands) et représente donc un investissement peu rentable. Excepté dans le cas d'un objectif à court terme, évitez de choisir un de ces modèles adaptables et très bon marché. Avant d'acheter dans un centre de jardinage ou un dépôt de matériaux, examinez le treillis sous toutes les coutures afin de vérifier la qualité du bois et de la fabrication. Il se présente en séries de carrés ou de losanges, sous des dimensions standard, en bois traité ou non. Toutefois, certains spécialistes vous proposent une large gamme d'articles tout faits avec un quadrillage plus resserré et une finition plus sophistiquée (arche gothique au

1

2

1 *Le treillis est souvent plus intéressant en d'autres couleurs que le blanc traditionnel. Ici, un mélange subtil de bleu-gris foncé met en valeur le rouge profond des roses. Sur un treillis blanc, la couleur des fleurs aurait paru trop violente.*
2 *Bien que peint de la même couleur que le précédent, ce treillis produit un effet différent. Fixé contre un mur blanchi, il s'habille de roses blanches, roses et rouges.*
3 *Ces jolis supports pour rosiers sont en fer, peint en noir. Ils sont disposés par paire dans un petit jardin très stylé qui regorge de détails esthétiques : allée en briques présentant de légers dénivelés, robinier* (Robinia pseudoacacia «*Inernis*»), *banc simple que l'on devine à droite, près d'une jeune haie d'ifs (le frontispice de ce livre se rapporte au même jardin).*

De nombreux rosiers, surtout ceux appartenant aux belles variétés anciennes, poussent de façon désordonnée et abondante. Une structure simple en métal leur assure un support discret et élégant durant la saison de la pousse.

3

1

2

1 *La* Clematis macropetala *est une plante grimpante vigoureuse et touffue qui donne en abondance des fleurs bleues ou bleu-violet. Ici, couverte de fleurs, elle pousse en hauteur contre un poteau enfoncé dans le sol et entouré d'un treillis métallique.*
2 *Le lierre bicolore produit un effet très spectaculaire sur cette arche métallique qui surplombe une allée. D'une croissance relativement rapide, il a dû mettre trois à quatre ans pour atteindre cette hauteur, et recouvrir, douze mois sur douze, cette arche, élément vertical primordial dans la composition du jardin.*
3 *Élément traditionnel des jardins à l'ancienne, ce vieil arbre fruitier sert de guide à un rosier sarmenteux rampant, le* Rosa filipes *«Kiftsgate», charmant avec ses fleurs blanches. Cet effet de cascade ne dure que quelques semaines, durant la floraison, au beau milieu de l'été. Cependant, il offre un spectacle magnifique et un parfum non moins délicieux.*

sommet ou moulures aux angles). Plus chers, réservez-les plutôt à un usage définitif.

Si vous songez à installer un treillis, mesurez auparavant la surface à couvrir et calculez en fonction des tailles standard disponibles dans le commerce. À cet égard, je vous conseille d'effectuer un dessin préalable où figureront les différentes données : murs, fenêtres, arches, moyens de raccordement, etc.

Par ailleurs, vous pourrez, en associant le treillis à des poteaux de soutènement et à des traverses, créer de nombreux motifs et formes. Mais n'oubliez pas que le treillis exige d'être entretenu et, au bout d'un certain temps, remplacé. Si vous envisagez une stratégie à long terme et disposez d'un budget restreint, il vous offrira néanmoins une solution de transition avant que vous abordiez le programme de transformation définitif.

3

À la limite, le treillis peut faire office d'élément d'architecture majeur, surtout dans les jardins citadins et les cours de taille réduite. Habillez-en chaque mur ou simplement celui situé en face de la maison. Les projets plus ambitieux nécessiteront une étude plus détaillée et, sans doute, le recours à un spécialiste afin de réaliser des arches et des colonnes ou de créer des effets en trompe l'œil. Dès lors que le treillis constitue l'architecture du jardin, vous devez éviter de le dissimuler sous une abondance excessive de feuillages et de fleurs.

Dans un jardin long et étroit, organisez l'espace disponible à l'aide d'écrans de treillis aux croisillons rapprochés qui, vus à une certaine distance, donneront une illusion de transparence. Reliés entre eux par des arches, ces écrans isoleront une partie du jardin pour en faire une retraite secrète ou mettront en valeur la croisée de plusieurs allées. Si vous concevez votre jardin de toutes pièces, sachez que le treillis lui conférera instantanément une certaine hauteur, laissant ainsi aux haies, arbres et arbustes le temps de pousser. Une fois que ceux-ci auront atteint une taille convenable, vous pourrez alors vous en débarrasser. Souvenez-vous, cependant, que le treillis constitue de très jolies bordures de massifs et clôtures basses de séparation. Même en dessous des deux mètres, il produit d'excellents résultats !

En outre, le treillis ouvre de multiples possibilités en ce qui concerne le potager et permet de joindre l'utile à l'agréable. En clôture, il fera un merveilleux tuteur pour les haricots d'Espagne et les arbres fruitiers à palisser tandis que, fixé sur la cabane à outils la plus humble, il se transformera en support pour plantes grimpantes et offrira au potager une hauteur plus que nécessaire.

Simple, ce jardin de campagne composé de fleurs, d'herbes et de légumes a besoin de prendre un peu de hauteur, mais un ornement de jardin serait d'une prétention déplacée. C'est pourquoi, durant l'été, de grands wigwams en bambou sont dressés pour servir de tuteurs aux haricots d'Espagne qui, avant la récolte, se couvriront de fleurs écarlates.

Atout inestimable, le treillis se prête aussi très bien à la construction de toutes sortes de tonnelles. Il peut s'agir d'une structure très simple : trois sections de treillis pour les parois, reliées, en haut, par des poutres en bois et ornées, pourquoi pas, d'un fronton triangulaire. En y ajoutant quelques traverses, vous formerez un toit sur lequel les plantes grimpantes prendront appui. Le résultat aurait été digne du plus beau jardin élisabéthain. Pour affiner le tableau, plantez de chaque côté de la tonnelle un rosier au parfum sucré, tel « Aloha », et un jasmin.

Autre type de support possible : les plantes elles-mêmes. Ainsi, en plein été, le *Tropaeolum speciosum* égaiera de ses fleurs écarlates une sombre haie d'ifs. De nombreuses espèces grimpantes, dont certaines variétés de clématites, préfèrent un support vivant. Par ailleurs, les vieux arbres fruitiers non élagués et très peu productifs font des tuteurs idéaux pour les rosiers sarmenteux. Ces derniers doivent être installés à deux mètres environ du tronc et conduits jusqu'aux branches grâce à des cannes ou des cordes. Attention, toutefois, car ils sont capables d'envahir complètement l'arbre et de le coucher à terre. Aussi, surveillez attentivement et plantez des pieux en bois si nécessaire. Les espèces de rosiers susceptibles de s'accrocher à ce genre de tuteurs ne manquent pas, depuis la tendre *Rosa longicuspis* caractérisée par ses énormes bouquets de fleurs blanc crème, jusqu'à la favorite « Albertine » qui ensevelira son support sous un manteau de fleurs rose saumon.

Choix de plantes pour treillis : pages 138-140, listes 2 à 4, et 10.

LES PLANTES AU SERVICE DE L'ARCHITECTURE

Rien n'évoque mieux les jardins du passé que ce concept de « plantes au service de l'architecture ». Durant le XVIe et le XVIIe siècle, le jardin était conçu comme un assemblage d'espaces, de formes et de surfaces, réalisé grâce à la taille et à l'élagage de la végétation en figures et motifs géométriques. Les plantes servaient les intérêts de l'architecture et les sculptures sur verdure étaient soumises au même traitement que les colonnes, piédestals, socles et statues en pierre. Sur le plan, les arbres étaient arrangés en avenues, cercles, carrés et triangles. Ils se dressaient sous forme de pyramides, d'obélisques, de dômes ou de colonnes. Mais ce traitement ne concernait pas uniquement les plantes tels l'if et le buis, il s'appliquait aussi à l'orme et à l'acacia. « Nos arbres s'élèvent en cônes, en boules et en pyramides. Pas une plante, pas un buisson qui ne porte les empreintes du sécateur », écrivait Joseph Addison, en 1712, époque où les excès de ce type de traitements commençaient à susciter la controverse.

Le jardin le plus célèbre qui ait survécu se trouve à Levens Hall, dans la région de Cumbria en Grande-Bretagne. Sa taille ornementale a néanmoins subi quelques transformations au début du XIXe siècle. Il renferme une formidable collection de haies et de persistants taillés, notamment un roi arborant une couronne, un lion couronné doté d'une queue admirable, la reine Elizabeth entourée de ses demoiselles d'honneur et une tonnelle baptisée la « perruque du juge ». Il s'agit là d'une réalisation à grande échelle, mais, déjà à cette époque, ce style pouvait convenir à un jardin plus réduit.

Nous avons beaucoup à apprendre de ces anciens jardins classiques et de leurs exemples de taille ornementale, de conduite, d'enchevêtrement et d'étêtage. L'association entre les persistants et les plantes qui, une fois conduites, prenaient des formes à la structure fascinante permettait un spectacle ininterrompu tout au long de l'année, même après que la végétation caduque ait perdu ses feuilles et ses fleurs. Or, ce principe s'applique également aux petits jardins, lesquels doivent conserver leur intérêt visuel durant les mois d'hiver. Certes, taille ornementale, étêtage et conduite sont des techniques d'architecture végétale, mais il existe des plantes qui, sans beaucoup d'entretien, produisent des effets identiques. Ainsi, l'if pyramidal (*Taxus baccata* « Fastigiata ») forme une splendide colonne de persistant à croissance lente (la variété jaune, *T. b.* « Fastigiata Aureamarginata », pousse encore plus lentement). Il s'utilise par paire, pour encadrer une perspective, ou en plus grand nombre, pour constituer une avenue. Il en va de même du genévrier *Juniper communis* « Hibernica » qui, cependant, a besoin d'être attaché.

Bien qu'il s'agisse d'ornements, les plantes d'architecture doivent, à l'exemple des éléments d'une construction, être placées comme si elles remplissaient une fonction particulière. Par ailleurs, une telle plante ne peut, à elle seule, constituer une architecture ; elle se contentera alors de donner de la hauteur, du cachet. En revanche, si elle fait partie d'un tout (une paire, un schéma symétrique ou une avenue), elle répondra mieux à l'attente esthétique du concepteur.

LA TAILLE ORNEMENTALE

Quiconque a eu l'occasion de voir l'un des grands jardins italiens ou français, tels la villa d'Este à Tivoli, Versailles ou l'une des compositions romantiques de l'Angleterre victorienne — le « Sermon sur le Mont », à Packwood House, par exemple — ne peut demeurer insensible devant le triomphe de l'homme, armé de cisailles et de sécateurs, sur la nature. L'impact visuel de ces jardins repose presque entièrement sur la taille ornementale qui, selon le dictionnaire, consiste à « couper et tailler les arbustes, etc., pour leur donner des formes décoratives ou abstraites ». Or, cet art n'est pas resté confiné aux grands jardins. Aujourd'hui encore, nous pouvons admirer quelques exemples de taille ornementale à la campagne : if représentant une tasse et sa soucoupe ou oiseau géant veillant sur un joli jardin campagnard. N'est-ce pas là la preuve éclatante que, même dans un espace des plus restreints, la taille ornementale offre de nombreuses possibilités ? Et puis, son histoire remonte à l'époque des Romains qui, les premiers, taillèrent et élaguèrent arbres et arbustes « pour leur donner des formes décoratives ou abstraites ». D'ailleurs, d'après Cicéron, les jardiniers-paysagistes *(topiarus)* faisaient partie de la catégorie d'esclaves la plus privilégiée !

À observer les immenses jardins ornementaux, on ressent parfois un certain découragement. Pareille entreprise semble exiger plus de capacités que n'en possède le simple jardinier, impatient de constater des résultats qui, pourtant, requièrent plusieurs années d'efforts. Courage ! Appliquée à plus petite échelle, la taille ornementale doit respecter des proportions plus modestes, de sorte qu'elle apporte plus vite satisfaction. Selon son importance, il vous faudra attendre huit à dix ans, mais, dès la troisième année, l'ensemble commencera à prendre forme. Par ailleurs, vous pouvez toujours tricher un peu en

Cet exemple illustre bien l'importance de la taille ornementale pour obtenir une structure permanente et intéressante dans un jardin essentiellement saisonnier, composé, en l'occurrence, d'herbes aromatiques. Du romarin pointu au fenouil plumeux, celles-ci symbolisent les éléments indisciplinés de la société végétale. Aussi, pour réussir le jardin, faut-il leur associer une organisation aussi rigide qu'ici, grâce à la haie d'ifs et à la disposition symétrique de quatre boules de buis jaune (Buxus sempervirens) *qui contrastent avec les spirales de buis vert.*

achetant des cônes, des boules, des pyramides... de buis *(Buxus sempervirens)* et de laurier *(Laurus nobilis)* préfaçonnés. Bien que coûteuse, cette solution permet d'obtenir un effet immédiat.

Grâce à la taille ornementale, vous pourrez laisser libre cours à votre imagination. Néanmoins, pour les parcelles réduites, je conseille d'en rester aux formes géométriques de base, parfaites en raison de l'équilibre de leurs proportions : boules, cônes, cubes, pyramides, tétraèdres ou association de plusieurs de ces figures.

Elles constituent les composantes essentielles du jardin formel, surtout dans le cas d'un parterre où

1 *Ce houx bicolore* (Ilex x altaclerensis *« Golden King ») taillé en forme de cône, au-dessus d'une sphère, se montre particulièrement esthétique en hiver.*
2 *Quatre boules de buis groupés au pied d'un arbre et accompagnées d'une plante autoreproductrice, le manteau de Notre-Dame* (Alchemilla mollis), *qui apporte une note d'originalité dans cet ensemble excessivement formel.*
3 *If* (Taxus baccata) *dans une version des plus originales. Les branches sont visibles, les feuilles s'organisent en petites touffes et les nouvelles pousses rappellent les aigrettes de velours.*

1

2

3

A Pour façonner un oiseau qui servira de faîteau à un dôme ou à un cube d'if *(Taxus baccata),* laissez la tige principale poursuivre sa croissance après que la forme première a été réalisée et conduisez les pousses sur une structure en fil de fer.
B L'oiseau gagnera en épaisseur et prendra forme au cours des trois premières années, grâce à une taille précise et minutieuse.

A

B

C Une fois que l'oiseau aura atteint sa forme définitive, il suffira de le tailler chaque année.

C

D

E

D, E L'if permet au jardinier patient de créer maintes figures originales. Pour former une spirale d'if vert ou jaune, il convient tout d'abord de conduire la jeune plante autour d'un pieu solide.

elles se trouvent combinées en un schéma plus élaboré, plus original. Par ailleurs, elles peuvent servir à marquer des jalons dans l'abondance végétale d'un jardin rustique. Quoi qu'il en soit, la taille ornementale ne résulte pas forcément d'un sentiment de nostalgie par rapport au passé. Elle s'adapte parfaitement aux courants artistiques de ce siècle et vous permettra de jouer les Henry Moore avec, comme matériau, du buis ou de l'if !

Vous devez consigner chaque plante sur votre plan initial, la découper à l'échelle et la disposer de manière à ce que vous puissiez juger son effet.

Deux rangées de pyramides ou de cônes le long d'une allée attirent l'œil au loin et donnent une impression d'espace. En réduisant progressivement la taille de chaque plante, vous créerez ce que l'on appelle une fausse perspective, de sorte que le jardin paraîtra plus vaste qu'en réalité. Par paire, les ornements végétaux monteront la garde à l'entrée du jardin ou d'un recoin particulier, encadreront une perspective, un pavillon d'été ou, tout simplement, un siège. Groupés, ils mettront plus spécialement l'accent sur un centre d'intérêt. Ainsi, quatre sculptures identiques, disposées de façon symétrique, souligneront l'élégance d'un cadran solaire ou d'une statue. Si elle représente une figure originale, la plante pourra servir d'axe à l'ensemble, mais, en général, mieux vaut les arranger par deux ou en groupe.

Vous réaliserez les mêmes effets esthétiques avec des plantes en pots : bacs en terre, en bois ou en fibre de verre. Dans ce cas, préférez les meilleurs matériaux, à savoir le buis ou le laurier. Ce système vous obligera à réduire la dimension des plantes, mais vous permettra de disposer les pots à votre guise et, partant, d'égayer les parties les plus mornes de votre jardin. La taille ornementale est presque uniquement réservée aux persistants, notamment l'if *(Taxus baccata)* et le buis. Tous deux nécessitent une taille annuelle, l'if à la fin de l'été, le buis à la fin du printemps. Le superbe vert foncé de l'if taillé selon des lignes géométriques offre de merveilleux jeux d'ombre et de lumière. Il en va de même du

Chefs-d'œuvre de taille ornementale en pots : laurier commun (Laurus nobilis) *doté d'un tronc en spirale — magnifique spécimen réalisé grâce à l'enroulement du tronc autour d'un tuteur… ainsi qu'à de nombreuses années de patience ! — ; boules de buis alignées dans des pots en terre, comme autant de sentinelles. Avantage inestimable, ces figures végétales, de même que la petite statue, peuvent être déplacées de manière à changer la disposition du jardin.*

buis, délicieusement odorant, et dont les feuilles plus petites présentent une teinte plus pâle. En revanche, le buis pousse beaucoup moins vite que l'if. Aussi entre-t-il surtout dans les projets à long terme exigeant jusqu'à vingt ans de patience ! Le laurier peut se substituer aux deux espèces précédentes, mais la largeur de ses feuilles exclut toute forme un peu compliquée. Et, à l'inverse du buis et de l'if, il risque de succomber à un hiver trop rigoureux.

Le houx (espèces et variétés cultivées d'*Ilex*) se prête également à la taille ornementale. Ses variétés colorées produisent un effet spectaculaire, surtout « Golden King » avec ses feuilles larges, bordées de jaune. De même, le laurier du Portugal *(Prunus lusitanica)* formera une ombrelle majestueuse et les variétés persistantes d'*Euonymus* (telle *E. fortunei* « Emerald Gaiety ») se façonneront sous votre main.

Les plantes caduques ne permettent pas des sculptures aussi précises que les persistants. En outre, elles perdent leur feuillage, changent de couleur en hiver et croissent très rapidement, de sorte qu'il vous faudra les tailler plusieurs fois durant la pousse. Les meilleures sont le hêtre *(Fagus sylvatica)*, le charme *(Carpinus betulus)* et l'aubépine commune *(Crataegus monogyna)*.

La taille ornementale donne des résultats à la hauteur de vos efforts. Elle procure du plaisir tout au long de l'année. Au printemps et en été, les plantes taillées contrastent agréablement avec les fleurs et feuillages éphémères ; en hiver, elles conservent leur majesté, même sous la neige.

Choix de plantes adaptées à la taille ornementale : page 140, liste 11.

Ce charmant petit jardin forme un parterre de buis dont chaque compartiment se voit séparé par une allée de gravier. Les cônes et les dômes soulignent la symétrie de l'ensemble et, de par leur hauteur, suscitent l'intérêt visuel. Il en va de même des quatre rosiers communs disposés dans le massif du centre, autour d'une petite statue en pierre.

A

B

C

A Ce parterre simple convenant à un petit jardin pourrait s'agrémenter de plantes taillées, en pots, et placées de chaque côté des quatre entrées.

B La taille ornementale convient parfaitement à ce parterre très ingénieux. Boules et cônes ponctuent le canevas qui, sinon, pourrait paraître confus à moins d'être contemplé de haut. Les lignes du parterre sont rendues plus distinctes par une alternance de diverses variétés de buis *(Buxus sempervirens)* choisies pour le contraste de leurs couleurs.

C Avec l'adjonction de figures végétales, ce parterre aux motifs compliqués deviendrait vite surchargé. Ici, son dessin formel s'inscrit dans la tradition de la taille ornementale.

LA CONDUITE

Les techniques pour conduire les plantes conviennent particulièrement aux parcelles les plus réduites car elles supposent un contrôle sur la croissance végétale. Elles permettent l'installation de plantes imposantes qui, sans l'intervention du jardinier, envahiraient le jardin tout entier. Ainsi, le chêne vert *(Quercus ilex)* peut pousser sur une seule tige et se terminer par un faîte arrondi ou en ombrelle. L'aubépine *(Crataegus)* est beaucoup plus facile à maîtriser une fois taillée, et les plantes, tel l'*Eucalyptus gunnii*, constituent, après quelques coups de sécateur, un beau taillis. À l'exemple des espèces et variétés cultivées du buisson-ardent *(Pyracantha)*, de nombreuses plantes plutôt « brouillonnes » gagnent à être conduites. D'autres fleuriront et fructifieront plus abondamment. En outre, les formes compactes et précises s'adaptent mieux à un jardin classique que le désordre et l'inconsistance des plantations abandonnées à elles-mêmes.

Curieux exercice que la conduite, qui consiste à persuader les plantes de pousser dans une certaine direction. Elle présente un intérêt énorme en ce sens que l'homme façonne la nature et peut créer maints effets différents : guider des roses le long d'arceaux de corde, du lierre le long d'une structure, palisser des arbres fruitiers, étêter, enchevêtrer, contenir le volume des plantes grimpantes comme la glycine ou la clématite. En bout de chaîne se trouve la taille ornementale qui confère aux arbres une forme architecturale ou sculpturale. En fait, conduire une plante n'est pas particulièrement difficile, mais cela exige des soins constants.

Malgré leur potentiel décoratif et alimentaire, les arbres fruitiers sont trop souvent absents des petits jardins. Pourtant, l'apparition de rhizomes nains permet désormais de planter dans des bacs de

Grâce à un palissage, les arbres fruitiers sont capables de former des dessins très décoratifs et, au XVIIe siècle, les jardiniers français avaient souvent recours à cette méthode. Les arbres peuvent être conduits contre une clôture ou un mur voire, comme ici, sur une structure composée de poteaux en fer reliés par des fils de fer parallèles. Ce premier a été élagué de manière à représenter un U double qui, en terme technique, s'appelle une palmette. Pour parvenir à un résultat définitif, il faut parfois attendre huit à dix ans. Des arbres fruitiers conduits en cordons auraient fait écran plus rapidement.

1

A

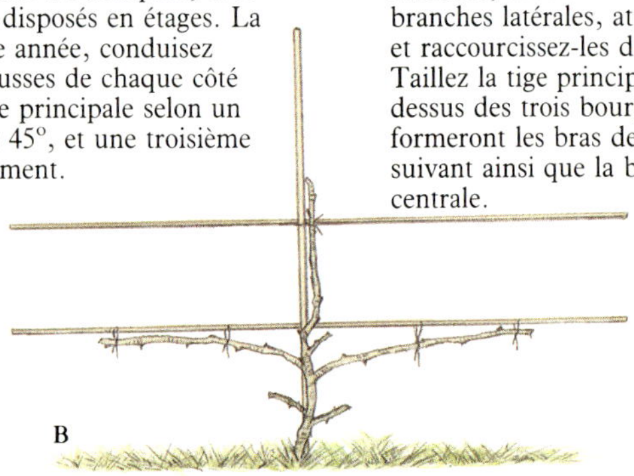

B

C

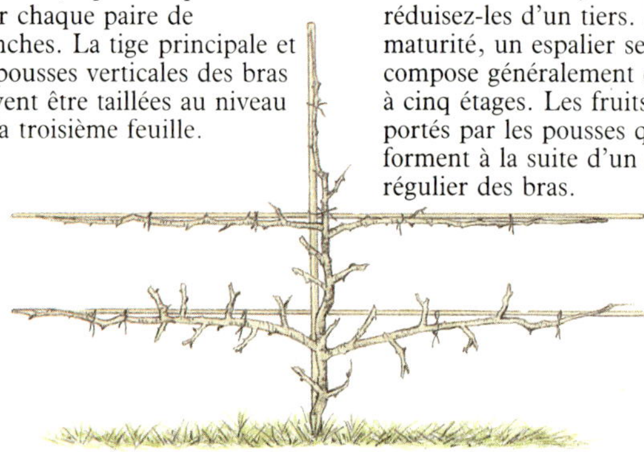

D

A Un pommier en espalier est conduit sur un seul plan, avec ses bras disposés en étages. La première année, conduisez deux pousses de chaque côté de la tige principale selon un angle de 45°, et une troisième verticalement.

B Au cours du premier automne, abaissez les deux branches latérales, attachez-les et raccourcissez-les d'un tiers. Taillez la tige principale au-dessus des trois bourgeons qui formeront les bras de l'étage suivant ainsi que la branche centrale.

C Au cours des années suivantes, répétez l'opération pour chaque paire de branches. La tige principale et les pousses verticales des bras doivent être taillées au niveau de la troisième feuille.

D À l'automne, abaissez les branches latérales, fixez-les et réduisez-les d'un tiers. À maturité, un espalier se compose généralement de trois à cinq étages. Les fruits seront portés par les pousses qui se forment à la suite d'un élagage régulier des bras.

2

3

mini-arbres fruitiers, convenablement greffés. En conséquence, tout jardin, même le plus restreint, est capable de produire ses propres fruits, et il est temps d'en finir avec cette vieille idée selon laquelle il ne faut pas mélanger fruits et fleurs ou fruits et légumes. Une fois conduits, les arbres fruitiers peuvent servir de séparation interne pour tout ou partie du jardin. Ainsi, une ligne de pommiers en cordons distinguera le potager du jardin.

Il existe deux façons de conduire un arbre fruitier : à plat, contre un mur ou une clôture ; sans support, une solution fort peu employée. Dans le premier cas, on fixera la plante à une structure en bois ou en fer, ou bien on attachera les branches à un réseau de fils de fer logé dans le mur ou la clôture. De nombreux arbres fruitiers aiment la chaleur des pierres exposées au soleil. D'autres, dont le cerisier-griotte, supportent des conditions moins favorables.

Pour obtenir une forme en éventail, il convient de conduire les branches sur un seul plan, à partir d'un même point du tronc, situé assez bas. Souvent, les arbres fruitiers s'achètent préconduits, car construire la structure initiale de l'éventail prend du temps. Vous pourrez ainsi récolter plus rapidement pommes, poires, cerises, nectarines, abricots et prunes. Mieux vaut réserver les autres types de conduite sur plan unique — espalier, cordon, U — aux poiriers et aux pommiers.

1 *Ces pommiers en espalier ont été élagués de manière à constituer une clôture à deux étages. Il est possible d'obtenir des fruits très rapprochés les uns des autres moyennant un palissage ingénieux. Les pommiers peuvent aussi servir de bordures à une allée ou à un potager. Pour ce faire, il faut un support solide, telle cette barrière en bois sur laquelle sont attachées les branches. Ici, les arbres sont disposés dos à dos, de chaque côté de la structure.*

2 *Vue partielle d'un pommier conduit en éventail. En général, les éventails sont palissés contre un mur ou sur une structure rectangulaire en fil de fer tandis que le support central s'accompagne de tiges de bambou qui partent à l'oblique du tronc et servent de tuteurs aux branches. Le palissage en éventail convient également à d'autres espèces d'arbres fruitiers tels le poirier, le pêcher, le cerisier-griotte.*

3 *Donner de la hauteur à un potager est souvent difficile. Dans cet exemple, le problème a été résolu grâce à un groseillier formant un buisson classique. Bien que, de nos jours, les groseilliers soient généralement laissés à l'état de buissons, au XIXe siècle, ils se voyaient souvent conduits pour former des figures décoratives. Ici, ce magnifique groseillier à maquereau, couvert de fruits, respecte un style formel et se combine avec des boules de buis.*

1

A

B

A Selon la méthode de l'enchevêtrement, technique qui consiste à conduire des arbres comme le tilleul *(Tilia)* ou le charme *(Carpinus betulus)* sur un seul plan, les jeunes arbres sont plantés en ligne, à des intervalles réguliers et leurs branches, sont rattachées à des fils de fer.

B Une avenue encadrée de deux rangées de tilleuls ou de charmes enchevêtrés constitue un bel axe et peut s'adapter aux parcelles relativement restreintes. Le charme produit un effet plus touffu que le tilleul.

2

La conduite en espalier consiste à étendre les branches horizontalement à partir d'une seule tige, à les disposer par paires à des intervalles d'environ 45 centimètres et sur trois à cinq étages. Le cordon part lui aussi d'une tige unique qui sera dirigée verticalement ou selon un angle de 45°. Pousses latérales et bourgeons doivent rester courts. En général, ils produisent des fruits dès la deuxième ou la troisième année. Plantés en série, les cordons occupent peu de place et, de ce fait, conviennent tout particulièrement aux petits jardins. Pour réaliser une forme en U, il faut conduire les branches de façon symétrique, d'abord vers l'extérieur, puis vers le haut, de manière à créer divers motifs aux noms très évocateurs : palmette, U double ou candélabre.

Projet à long terme, la tonnelle de fruits exige de l'espace. Vous devrez procéder à un élagage très rigoureux, sinon vous vous retrouverez avec des sections de tronc absolument nues. Choisissez une structure en bois ou en métal plastifié, d'environ

1 *Des arbres à feuilles larges, tels le tilleul, le hêtre et le charme, peuvent être conduits de manière à produire des effets architecturaux intéressants. Ici, le tilleul est planté près d'un mur et forme un seul enchevêtrement de verdure qui encadre des ouvertures donnant sur la campagne environnante. Une fois la structure constituée, il suffit, pour l'entretenir, d'une taille annuelle. Verte en été, elle deviendra rousse en hiver.*
2 *Les tilleuls enchevêtrés forment une sorte de galerie extérieure, délicieusement odorante en été. Ils ont été conduits sur une structure composée de poteaux et de traverses en bois. Plantés entre les montants, les tilleuls étendent leurs branches à l'horizontale sur les traverses auxquelles elles sont fixées. Cette technique peut également permettre de créer une tonnelle de verdure dans l'angle d'un jardin de taille plutôt réduite.*

2,30 mètres de haut et 2 mètres de large. Plantez les arbres tous les 65 à 70 centimètres. La formation de la tonnelle nécessite des pommiers ou des poiriers âgés de deux ans, poussant sur souches semi-naines.

La qualité de la souche est essentielle. Aussi, achetez-la dans un bon centre de jardinage. En ce qui concerne les pommiers, la plus souvent utilisée pour les espaliers, cordons et éventails est la semi-naine MM. 106 qui, lorsqu'elle a atteint sa taille adulte, donne une longueur de branche de 3 à 4 mètres. La souche naine M. 26 est moins souvent employée. Encore plus naines, M. 9 et M. 27 servent généralement pour les arbres en pots. La plupart du temps, la conduite des poiriers requiert les souches de cognassier A ou C.

Pour obtenir un écran haut et fourni, il faut recourir à la méthode de l'enchevêtrement, très prisée en France, et qui s'applique aux arbres à larges feuilles. Les arbres soumis à ce traitement forment des enceintes idéales en été. L'hiver, ils offrent un spectacle de toute beauté avec l'entrelacs régulier de leurs branches. Il est également possible de les disposer en avenue. Les arbres sont largement élagués de manière à diriger la pousse en hauteur, sur un seul plan, puis leurs branches sont conduites pour former un enchevêtrement.

Les jeunes arbres doivent être plantés à des intervalles de 3,30 mètres et fixés à des tuteurs de

2

3

1 *La conduite ne va pas sans un élagage saisonnier. Grâce à ces deux techniques, cette clématite « Perle d'Azur » se transforme en une splendide cascade de fleurs pendant l'été et l'automne, magnifique rideau végétal sur lequel se détache le banc de jardin patiné par les années. La clématite doit être largement élaguée au milieu de l'hiver afin qu'il ne subsiste rien des pousses de la saison précédente.*

2 *D'une grande simplicité, cet ensemble d'arches en fer, reliées par des arceaux, forme une pergola circulaire. Tout le long de la structure, les rosiers blancs et roses ont été conduits et minutieusement élagués afin que les fleurs se répartissent sur la totalité des supports. Le blanc est le rosier sarmenteux « Rambling Rector » qui ne fleurit qu'une fois par an et donne de petites fleurs en grappes.*

3 *Le* Wisteria sinensis *produit un effet magnifique contre ce mur de couleur pâle. Plante grimpante très vigoureuse, il peut atteindre jusqu'à 30 mètres de haut. Cependant, il nécessite une conduite précise. Ici, les branches sont attachées à des fils de fer, eux-mêmes fixés à des sarments de vigne scellés dnas le mortier. Pour obtenir une floraison abondante, il convient d'élaguer en automne ou en hiver au niveau de la deuxième ou de la troisième pousse.*

1

Fausse taille ornementale. Ce lierre bicolore en pot produit un effet charmant, ainsi conduit sur une structure métallique en spirale. Cette méthode s'applique pour toute autre forme de support à condition qu'il soit réalisé en fil de fer solide. J'ai même eu l'occasion d'admirer, dans un jardin pour enfants, des éléphants et des dragons gigantesques.

3,30 à 4 mètres de haut. Les troncs subissent un élagage jusqu'à 2 mètres. Au-delà, il convient de relier les tuteurs par un réseau de fils de fer espacés de 30 centimètres minimum, selon la densité de feuillage souhaitée. Ensuite, les branches sont conduites le long de ces fils et, enfin, rattachées les unes aux autres de façon à ce qu'elles s'entremêlent. La hauteur de l'ensemble devra permettre, sans trop de difficultés, un élagage annuel. L'arbre le plus souvent utilisé est le tilleul commun *(Tilia platyphyllos)*, en particulier la variété rouge « Rubra » et un hybride, *T. x euchlora*, moins sujet aux pucerons.

Il est possible d'obtenir un effet similaire en créant une haie « surélevée », c'est-à-dire une haie soigneusement taillée et soutenue par les branches nues d'arbres plantés à intervalles réguliers. Cette solution donnera un cachet supplémentaire à un jardin de dimensions modestes. Le charme *(Carpinus betulus)* se prête tout spécialement à cette méthode d'enchevêtrement. Un élagage précis stimule la formation d'une haie touffue à 2 ou 2,70 mètres du sol. Une fois taillée, celle-ci se transformera en un cube compact, vert en été et cuivre en hiver.

L'étêtage est une technique de conduite quelque peu brutale, menée sur des arbres à larges feuilles : espèces et variétés cultivées du tilleul *(Tilia)*, platane *(Platanus)*, peuplier *(Populus)*, saule *(Salix)*. Il vise à maîtriser en permanence la croissance du tronc et des branches principales, en coupant régulièrement les branches secondaires qui poussent à ces niveaux. Voilà pourquoi les branches terminales présentent ce renflement et cet aspect noueux caractéristiques. Autrefois, la raison première d'une telle pratique était d'ordre économique. Aujourd'hui, l'écimage sert aussi à obtenir des effets esthétiques.

De même, rosiers communs et sarmenteux se prêtent à la conduite, ce qui permet de réaliser des décors variés et classiques. Les rosiers sarmenteux aux branches souples peuvent être guidés le long d'arceaux de corde. Bien que, pour la plupart, ils ne fleurissent qu'une fois par an, ils offrent durant un laps de temps assez long un spectacle magnifique. Certains rosiers grimpants, tels que « Madame Alfred Carrière », se révèlent aussi vigoureux que la glycine et la clématite. Tout comme ces deux plantes, ils se développeront mieux si vous les conduisez sitôt la structure installée.

Choix de plantes à conduire : pages 138-141, listes 2 à 4 et 10 à 13.

CENTRES D'INTÉRÊT VISUEL

Les centres d'intérêt dépendent étroitement d'une considération essentielle pour un bon aménagement, à savoir la manière dont l'œil humain appréhende l'espace environnant. Dès la Renaissance, l'aménagement des jardins s'est soucié de l'articulation spatiale qui repose sur les deux grands principes de perspective suivants : la convergence des lignes donne une impression de distance, et plus l'observateur se trouve loin de son point de mire, plus la couleur s'estompe. Conscients de ces règles, les concepteurs ont délibérément triché avec les lignes des haies ou des allées afin de créer une fausse perspective et de les faire paraître plus longues qu'en réalité. De même, ils ont choisi des couleurs vives pour le premier plan et des teintes plus douces pour le fond, accentuant ainsi l'idée d'éloignement.

Jouer sur l'espace se justifie aussi par le fait que le regard cherche toujours un point de mire. Voilà pourquoi il est indispensable d'introduire des centres d'intérêt visuel dans la composition du jardin. Les chemins qui ne mènent nulle part sont à bannir. Pour attirer le visiteur, l'allée doit déboucher sur un siège, un pavillon d'été ou un ornement : un if taillé, un cadran solaire, une fontaine, voire tout simplement un bac en terre cuite. Succession de tableaux admirables, le jardin ne peut se passer d'une structure visuelle, appréciable sous divers angles.

Le parc en terrasses de Powys Castle, dans le comté de Gwent en Grande-Bretagne figure parmi les exemples qui, à ma connaissance, illustrent le mieux les théories précédentes. Les piliers de la balustrade de la terrasse principale, perchée à mi-coteau, s'ornent de quatre statues en plomb représentant des bergers et des bergères qui semblent danser. Ce sont elles qui assurent l'harmonie au sein de ce jardin immense qui s'étend à leurs pieds et au-dessus de leur tête. Le visiteur peut les admirer depuis une terrasse supérieure d'où, plus que jamais, elles semblent présider, ou d'un niveau inférieur d'où elles se détachent sur les lointaines collines verdoyantes où se dresse le château. Ces quatre splendides ornements sont visibles sous tous les angles, et font aussi bel effet contre un rideau de persistants que contre un muret de pierre et de briques patinées. Idéalement placés, ils se prêtent aux jeux d'ombre et de lumière, de jour comme de nuit.

Les propriétaires de petites parcelles hésitent à installer chez eux des centres d'intérêt visuel, comme si ceux-ci n'avaient pas lieu d'être dans une composition modeste, et restaient le privilège des parcs ou grands jardins. Dommage, car ce type d'ornements procure un plaisir inaltérable.

Les points de mire proviennent d'une tradition ancienne en vertu de laquelle le jardin est autant le royaume de l'architecte que celui de l'horticulteur.

Malheureusement, le coût exorbitant des travaux de construction et la priorité absolue accordée aux plantations font passer le rôle de l'architecte et du sculpteur au second plan, allant parfois même jusqu'à l'éliminer complètement.

L'avenir de cette belle tradition repose maintenant entre les mains du créateur de petits jardins. Moins importante qu'autrefois, elle n'en permet pas moins de donner libre cours à son imagination et à sa sensibilité, quel que soit l'espace disponible.

ORNEMENTS ET CADRANS SOLAIRES

Les ornements de jardin ont une valeur décorative et constituent parfois de superbes éléments, essentiels dans la composition d'un aménagement réussi. Cependant, ils doivent également avoir un sens. À nouveau, le passé se révèle riche en enseignements. Autrefois, l'ornement était choisi pour symboliser « l'esprit des lieux » ; il ne s'agissait pas d'une simple décoration. Ainsi, la statue de Vénus évoquait l'amour et la mythologie classique, le buste d'Hercule vantait les vertus de l'héroïsme, le cadran solaire représentait la vie et la mort, l'éternité.

Il est intéressant de noter que l'ornement reprend peu à peu sa place de prédilection après avoir fait l'objet, pendant plus d'un demi-siècle, d'une réaction contre une tradition pluricentenaire. Moulures en plâtre, carrelage à motifs, vitraux et ouvrages en bois, tout ce qui parlait d'histoire subissait le même sort : les oubliettes. Une véritable catastrophe pour le jardin qui se voyait soumis à un traitement identique ! Abandonnés les éléments de décoration utilisés par les concepteurs depuis la Renaissance ! À l'extrême, le jardin se réduisait à une surface pavée de dalles en béton avec, pour seuls ornements, quelques bacs inesthétiques et une unique sculpture contemporaine, souvent en acier inoxydable. Par chance, cette vague de rejet systématique a fait long feu, mais le renouveau de la tradition appartient encore à l'avenir.

L'ornement de jardin ne doit pas passer au second plan. Le fait que, dans certains ouvrages sur l'aménagement des jardins, il se trouve relégué au dernier chapitre traitant des « accessoires » résulte d'une philosophie axée uniquement sur les plantes qui sévit durant

La composition de ce jardin formel, qui allie différents tons de vert au blanc éclatant des fleurs, repose sur un point central : le cadran solaire. J'aurais, quant à moi, choisi un piédestal plus robuste, mais il s'agit là d'un défaut mineur dans un design, somme toute, harmonieux. La forme arrondie de l'ornement se trouve répétée dans le paysage concentrique ainsi que dans les bordures de buis qui l'encerclent et contiennent l'abondance des massifs. Les cyprès accentuent le classicisme du décor.

A

A Les formes simples et géométriques en pierre reconstituée comptent parmi les plus beaux ornements disponibles à l'heure actuelle. Deux obélisques flanquent l'allée, permettant de diriger le regard.

B

B Cette grosse jarre en terre cuite constitue un ornement simple, mais élégant. Elle admet plusieurs emplacements possibles : sur un piédestal dans une cour dallée, comme ici, ou dans une niche de verdure.

C

C Dans un petit jardin ou dans l'angle d'un jardin plus vaste, un ornement risque de prendre trop de place. Dans ce cas, une plaque ou une sculpture murale suffira à attirer l'attention, tout en restant discrète.

le siècle dernier, au grand désespoir d'écrivains comme Gertrude Jekyll et William Robinson. Avant cette époque, l'ensemble des jardins se composait d'allées, de haies, de bassins, de formes architecturales et sculpturales, laissant très peu de place aux plantations. Et ce style de conception vaut encore aujourd'hui, équilibre entre les surfaces dures et les massifs, les lignes géométriques et imprécises, le tout baigné d'un jeu d'ombre et de lumière.

Comme la conduite des plantes, les ornements assurent une structure au jardin tout au long de l'année et ce, même durant les mois les plus sombres de l'hiver. Ils créent une atmosphère, incitent à la méditation —probablement moins qu'autrefois. Une statue classique évoquera les somptueux jardins du passé tandis qu'un objet contemporain nous ravira par la pureté de ses lignes. Quelles que soient nos préférences et bien que nous sachions moins bien manier le langage des symboles que nos ancêtres, les ornements ne manqueront pas de susciter dans notre esprit une foule de réflexions.

Malheureusement, de nombreuses personnes se font une idée fausse de la décoration de jardin. Comment s'en étonner lorsqu'on voit les articles proposés dans les centres de jardinage ! Évitez les horreurs du genre représentations en béton de Japonaises en kimono, ou cochons, chats et chiens en béton, eux aussi, et dotés d'yeux de verre… !

Vous pourrez vous procurer statues et ornements anciens dans les grandes ventes aux enchères ou chez des spécialistes. Parfois assez chers, ils n'en représentent pas moins un investissement intelli-

1 *Ces deux blocs de pierre vieillis par les années se marient dans la simplicité. Installés dans un recoin ombragé du jardin et recouverts d'un* Parthenocissus *grimpant, ils possèdent un charme indéniable, quoiqu'un peu mélancolique.*
2 *Les petits ornements géométriques, tel cet obélisque surmonté d'une boule, contrastent agréablement avec l'enchevêtrement des feuillages et des fleurs. Ils se prêtent à presque tous les styles d'architecture. De par son aspect formel, l'obélisque fait écho à l'allée de gravier.*
3 *Le faîteau en forme d'ananas a toujours suscité un fort engouement, surtout au XVIII*[e] *siècle, quand le fruit était symbole de richesse et de sophistication. Ici, il produit un contraste intéressant avec la végétation environnante :* Pulmonaria, *fougères,* Sedum, Acanthus, *anémones du Japon* (Anemone x hybrida). *À noter : la manière élégante dont il est monté sur un socle.*

1

2

3

gent. Néanmoins, n'oubliez pas que tout ornement ancien n'est pas forcément beau.

Pour la plupart, nous devrons nous contenter de reproductions d'objets d'époque. D'ailleurs, même par le passé, les statues n'étaient, le plus souvent, que des copies d'œuvres antiques célèbres. Les deux principales sources d'inspiration viennent d'Italie et de Grande-Bretagne. S'appuyant sur une longue tradition, les Italiens fabriquent de superbes statues tandis que les Anglais s'y entendent mieux dans la production d'ornements architecturaux : obélisques, colonnes, faîteaux et urnes. Ces deux types d'éléments de décoration sont en pierre reconstituée. Attention, cependant ! Nombre de ceux proposés sur le marché sont très mal moulés. Vous le remarquerez à la façon maladroite dont la poussière a été déposée dans les fissures et jointures afin de vieillir les pièces.

Un conseil : commandez la sculpture à un artiste ou à un artisan. N'oubliez pas, alors, de spécifier quel matériau traditionnel vous désirez : pierre, bronze, plomb ou une imitation des deux derniers. Un marbrier, par exemple, pourra réaliser une inscription sur une plaque de pierre que vous fixerez au mur du jardin. En tout cas, ne lésinez jamais sur la qualité. Pour orner le centre du jardin, mieux vaut acheter un joli bac en terre cuite de grande taille qu'acquérir, pour la même somme d'argent, une reproduction de statue, prétentieuse et mal moulée. Évidemment, vous pouvez tout aussi bien improviser, mais une telle démarche requiert un sens esthétique sûr. Ainsi, un assemblage de grosses pierres formera un ensemble vraiment ravissant.

Votre choix dépendra également du style de la maison et du jardin. Un ornement classique conviendra à une façade traditionnelle tandis qu'un cadran solaire contemporain s'assortira mieux à une maison moderne. Les objets figuratifs sont les plus difficiles à placer car ils nécessitent un contexte historique. En revanche, les formes géométriques

1

simples et abstraites constituent une excellente solution. Pyramides, boules, cônes, colonnes et faîteaux s'accommodent de presque tous les styles.

Dans un petit jardin, il semble préférable de se limiter à un seul ornement ou, tout au plus, à une paire. Avec une multitude de petits objets de décoration, la parcelle paraîtrait surchargée et risquerait de ressembler à un cimetière. Pour vérifier si vous avez placé l'ornement au bon endroit, demandez-vous si, une fois la pièce retirée, le jardin perdrait sa structure. L'objet doit attirer le regard vers lui. Installez-le au bout ou au centre d'une perspective de façon, peut-être, à pouvoir profiter du spectacle de chez vous, pendant les longs mois d'hiver. Niché dans un enclos, l'ornement créera la surprise. Pour tenir son rôle prépondérant, il doit présenter une hauteur minimum de 1,30 mètre et une silhouette aux contours précis. Plus la perspective est longue, plus les lignes doivent être nettes.

1 *Superbe cadran solaire en pierre patinée du XVIII*e *siècle. Placé au milieu de la pelouse, il rompt la monotonie de cette longue allée flanquée de bordures herbacées au faîte de leur beauté. Le socle a disparu et une restauration améliorerait de beaucoup l'aspect et l'équilibre du cadran solaire. La disposition centrale de l'ornement oblige le propriétaire du jardin à couper l'herbe voisine à la main. Une contrainte bien minime si l'on songe à la majesté du tableau !*

2 *Une statue de pierre de style baroque, représentant le pèlerin saint Roch, préside le parterre. Elle trône au centre d'une niche taillée dans une jeune haie de buis, en haut de quelques marches. La dimension de la statue — plus petite que grandeur nature — convient parfaitement aux proportions du jardin où pas une spirale et pas un dôme de buis ne dépassent le saint en taille.*

2

L'ornement prendra d'autant plus d'importance qu'il sera perché sur un tertre, un socle ou une plate-forme accompagnée de quelques marches. Par ailleurs, les plantations serviront à le mettre en valeur. Une arche, une niche ou une apside de persistants constitueront un cadre idéal pour une statue. Il en va de même de certaines plantes grimpantes à floraison, notamment les rosiers « Kathleen Harrop » et « Zéphirine Drouhin ». La plupart des ornements peuvent être classés dans deux catégories : d'une part, ceux qui nécessitent un arrière-plan (statues et bustes), d'autre part, ceux qui permettent une vision sous tous les angles. Appartenant au second groupe, les cadrans solaires doivent, de plus, être exposés au soleil.

Mieux vaut ne pas fixer définitivement l'ornement tant que vous n'êtes pas absolument satisfait de la composition du jardin. Et souvenez-vous qu'il s'embellit en prenant de la patine, processus qu'il est possible d'accélérer moyennant une application de lait aigre, de yaourt ou de purin.

1 *Cette nymphe couronnée d'une guirlande semble danser dans sa niche de verdure. Malgré la beauté des cascades de fleurs du* Rosa rugosa *« Roseraie de L'Hay » et du rosier grimpant « American Pillar », l'ensemble perdrait beaucoup de son charme et de son mystère sans cette statue. Imitée de l'œuvre de Canova, il s'agit d'une sculpture assez grossière de style victorien, mais à laquelle la patine confère la quasi-perfection.*
2 *Cette fontaine à oiseaux située au bout de cette belle allée attire irrésistiblement le visiteur. Entre les arches recouvertes de clématites, apparaissent les contours irréguliers des bordures de plantes aimant le soleil, et la masse sombre d'un charme qui met en valeur l'ornement. Ce dernier se détache sur un fond de verdure et de chèvrefeuille. Il crée, sans contexte, une aura de mystère et aiguillonne l'envie d'explorer le jardin.*

1

2

LES SIÈGES

S'asseoir dans son jardin est l'un des plus grands plaisirs du créateur. Depuis votre poste d'observation, vous contemplerez votre œuvre en toute tranquillité, profiterez des rayons du soleil et étudierez les jeux d'ombre et de lumière. Vous pourrez même y remarquer les défauts de composition et échaffauder des plans pour y remédier.

À première vue, le choix d'un siège paraît d'une simplicité enfantine, mais lorsqu'il s'agit de l'installer définitivement, il soulève parfois des difficultés quant à son emplacement. Naturellement, ce genre de problèmes ne se pose pas dans le cas d'un siège amovible, lequel ne fera pas partie de la structure permanente du jardin. Il faudra néanmoins trouver un endroit où le remiser. À mon avis, il ne doit pas accaparer l'attention soit par sa forme, soit par son matériau. En outre, il convient également de tenir compte du climat car ce qui s'adapte au Midi de la France ou à l'Australie paraîtra complètement déplacé dans des régions moins favorisées par le temps. N'oubliez jamais qu'un meuble de jardin doit, avant tout, rester discret et ne pas entrer en compétition avec les plantations voisines. Aussi, les propriétaires de petits jardins auront intérêt à éviter les sièges trop ouvragés. À l'exemple des bacs à fleurs disséminés en été, le meuble de jardin doit s'insérer dans le cadre et ne pas le dénaturer. Adoptez la même démarche esthétique que pour l'intérieur de votre demeure et rejetez absolument ces modèles trop souvent vulgaires que l'on vous propose dans le commerce.

Dans un petit jardin, vous n'aurez probablement pas assez de place pour installer plus d'un siège permanent. Son emplacement doit figurer sur le plan initial et tenir compte de l'ensoleillement. Le

Situé sur une surface pavée de granit, le banc est cerné sur trois côtés par des massifs de fleurs surélevés et bordés par des traverses de chemin de fer. En arrière-plan, de hauts persistants procurent une certaine intimité et protègent du vent. Le siège respire la simplicité avec ses planches de bois supportées par quatre petits rondins. De toute évidence, il convient mieux à une courte halte qu'à une station prolongée. Les jolis massifs qui l'entourent sont composés de lierre, de géraniums, de potentilles, de Bergenias, *de digitales et d'un pin nain.*

A

A Un banc en pierre requiert un décor simple. Plus le jardin est exposé, plus il convient de créer un abri. Ici, une haie d'ifs *(Taxus baccata)* très dense l'encadre avec sobriété.

B

B Plus que toute autre saison, le printemps et l'automne donnent envie de profiter de la moindre éclaircie. Charmant et extravagant, ce banc-brouette permet de suivre la course du soleil à travers le jardin.

C

C Ce solide banc en teck figure parmi les meubles de jardin les plus commodes et les plus faciles à trouver dans le commerce. Il se marie bien avec la brique, la pierre, le gravier et les plantes. En outre, il se plaît tout particulièrement à proximité d'un mur chaud.

siège se nichera dans un recoin abrité, ou bien se situera dans un endroit d'où vous pourrez admirer pleinement votre œuvre.

En général, un siège destiné à servir toute l'année nécessite la protection d'un mur ou d'une haie. Ce rempart permettra également de créer de l'ombre. Pour plus d'efficacité, mieux vaut placer le siège sous une tonnelle, ne serait-ce qu'une structure en treillis. Il est toujours plus avisé de placer un siège permanent sur une surface dure. Sinon, vous devrez le déplacer pour passer la tondeuse, ou couper l'herbe à la main. Par ailleurs, sous l'effet de la pluie, le sol devient boueux. Aussi, dallez la base du siège, de même que l'allée y conduisant.

L'installation d'un siège offre la possibilité de profiter des senteurs du jardin, un plaisir des sens trop souvent négligé. Entourez-le de chèvrefeuille au parfum sucré, tel *Lonicera japonica halliana*, ou de santoline à l'odeur plus poivrée. Quelles que soient vos préférences, n'oubliez jamais que les plantes parfumées constituent les partenaires idéales d'un siège de jardin. Et si vous disposez du romarin à proximité, vous pourrez, en écrasant quelques feuilles entre vos doigts, profiter de son arôme tout au long de l'année.

Il suffit d'un peu d'ingéniosité pour improviser un siège de jardin à partir d'un tronc d'arbre, d'une traverse de chemin de fer, voire d'une planche en bois soutenue par des montants en briques. Cepen-

1 *Doté d'une assise en bois, ce banc ancien en fer, du XIXe siècle, trône sur une aire dallée de pierre. Le dossier présente un superbe enchevêtrement de feuilles de fougère. Il s'agit d'un investissement coûteux, mais durable. Sa couleur vert sombre fait merveille contre l'*Aucuba japonica *bicolore.*
2 *Fidèle à la grande tradition du XVIIIe siècle, ce beau fauteuil de jardin en bois présente un dossier de croisillons surmonté de découpes fort décoratives. Destiné aux rêveries estivales, il est placé dans un coin ensoleillé, contre un mur de briques dont le gris et le rouge se marient parfaitement avec sa teinte bleu-gris. Une fois qu'elles auront atteint leur taille adulte, les deux pyramides de buis feront des gardes du corps impressionnants !*
3 *Pour accompagner la table en pin de style victorien, banc et chaises pliantes représentent une solution peu onéreuse, parfaite pour un « salon » de plein air. L'ensemble se cache dans une niche de feuillages et de fleurs, délimitée par des pots en terre remplis de pensées mauves. Bourraches,* Campanula poscharskyana *et* Gladiolus byzantinus *forment une harmonie de magenta et de bleu. Un vieux romarin noueux libère un parfum entêtant.*

1

2

3

1 *Chef-d'œuvre d'imagination que cette arche de chèvrefeuille surplombant un banc d'une grande simplicité, situé à l'extrémité d'un jardin à l'ancienne! Le support se compose d'une structure très sobre, mais non moins charmante. Derrière le banc, le champ d'herbacées se voit délimité par une clôture à croisillons qui borde une pergola de tilleuls.*

1

2 *Banc, table et chaises en pin forment un charmant salon de jardin à l'ancienne qui s'harmonise parfaitement avec le sol dallé de vieilles briques. Le mur en briques abrite et soutient la pergola simplement constituée de poteaux en mélèze. Surélevé, le massif voisin s'orne d'*Hostas. *Une vigne à feuilles pourpres et un rosier rose dont la floraison s'annonce prochaine complètent le tableau.*

dant, pour la plupart, nous préférons nous tourner vers les modèles proposés dans le commerce. Outre le plastique — totalement inesthétique —, le fer, la pierre et la pierre reconstituée sont les matériaux les plus durables, encore que le premier doive être repeint régulièrement pour prévenir l'apparition de la rouille. Les sièges en bois font très bel effet. Néanmoins, à l'exception de ceux en teck, il faudra les sabler, les reteinter ou les repeindre tous les trois à quatre ans pour éviter qu'ils ne pourrissent. Si vous souhaitez en tirer le maximum d'usage, je vous conseille de les rentrer à l'intérieur, l'hiver.

Comme dans le cas d'ornements et de bacs, choisissez le siège en fonction du style de la maison et du jardin. Sur une parcelle réduite, les sièges peuvent attirer trop le regard du fait de leur taille ou de leur couleur. Aussi, considérez la question avec soin. En général, il est rare que plus de deux ou trois personnes s'assoient simultanément dans le jardin. Alors, inutile d'acheter un banc géant! En ce qui concerne la couleur, sachez que le blanc est souvent trop voyant. Privilégiez de préférence les blancs légèrement teintés, les gris et les vert foncé. Il existe des modèles simples, capables de s'insérer dans n'importe quel cadre. Ainsi, le banc en teck doté de bras et d'un dossier qui, jusque-là, a réussi à échapper à la au mauvais goût, s'adaptera partout. Il en va de même des bancs en pierre ou en pierre reconstituée.

Moyennant une coquette somme d'argent, il est possible de se procurer des sièges anciens en pierre et en fer chez des spécialistes ou lors de ventes aux enchères. Par ailleurs, on trouve aujourd'hui dans le commerce de nombreuses reproductions, depuis les bancs de parc victoriens superbement décorés jusqu'aux sièges gothiques, style Régence, délicatement ouvragés. Autre vestige du passé, le siège unique conviendra à merveille à un recoin tranquille.

Avant d'acheter un siège de jardin, réfléchissez sérieusement à l'usage que vous désirez en faire. Si vous aspirez à y paresser en toute quiétude, choisissez-en un portable et capitonné. Si vous souhaitez ne l'utiliser que pour de brèves haltes contemplatives, préférez un siége permanent, plus lourd. Si vous comptez y effectuer des stations plus régulières, assurez-vous que le siège est réellement confortable et qu'il peut recevoir des coussins. Vous avez l'intention de manger dans le jardin ? Achetez un siège suffisamment haut. Ne vous laissez pas séduire par les apparences ; cela risquerait de vous décevoir !

2

LES BACS

Les plantes en pots sont une source constante de plaisir car elles apportent, à toute époque de l'année, de la vie et de la couleur au jardin. Elles peuvent être arrangées de manière formelle — en groupes symétriques, par exemple — ou avec plus d'originalité et de parcimonie, comme premier plan d'un rideau de verdure. Les plantes en pots mettent l'accent sur un détail et, disposées astucieusement, donnent une impression de profusion. Pour ceux qui ne possèdent rien d'autre qu'une cour pavée ou une terrasse sur les toits, elles constituent la seule solution.

Les bacs se présentent dans les mêmes matériaux que les ornements de jardin, avec divers décors. Comme toujours, la pierre représente le plus beau de tous… et aussi le plus cher. La pierre reconstituée peut s'y substituer. Elle concerne, en général, les reproductions de bacs d'époque mais, pour rivaliser avec la pierre, il lui faut une certaine patine. Terre cuite et argile sont également très esthétiques. Cependant, du fait de leur porosité, ils supportent mal le gel hivernal, à moins d'être préservés de l'humidité en permanence. Durant les hivers rigoureux, mieux vaut, néanmoins, les rentrer à l'intérieur. Il existe des poteries ornées de motifs en céramique, souvent dans les tons bleus et blancs. Les moins robustes ne résisteront pas au froid. Disséminées dans le jardin, elles lui confèreront une note originale et exotique. Bien que les bacs en bois se détériorent assez rapidement, demi-tonneaux et bacs Versailles peints, disponibles en plusieurs tailles, restent des grands classiques. À l'heure actuelle, il est possible de trouver des bacs Versailles en fibre de verre qui imite le bois à la perfection. De même, sont apparues de splendides reproduc-

Au milieu de l'été, cette véranda perchée au premier étage, côté jardin, d'une demeure citadine prend des allures de fête grâce aux pélargoniums roses, blancs et rouges qui jaillissent des bacs et des paniers suspendus. Depuis la maison, les feuillages et les fleurs forment un écran charmant à travers lequel on peut admirer le jardin. Le système des bacs permet de disposer des plantes presque partout, pourvu que la luminosité s'y prête. Cependant, les plantes en pots exigent des soins constants, notamment un arrosage savamment dosé. Mais, les résultats valent bien quelques efforts !

tions de bacs et d'urnes d'époque en plomb. Les conteneurs en béton requièrent une certaine circonspection, mais les modèles de style contemporain s'accordent bien à l'architecture d'aujourd'hui. Pour leur part, les paniers suspendus en fil de fer suppriment les problèmes d'arrosage. Un dernier conseil : si vous souhaitez mettre le bac en évidence, évitez d'en choisir un en plastique car sa surface dure et brillante s'allie mal à la nature.

Les bacs se présentent sous de multiples formes et dimensions, depuis la simple poterie jusqu'à l'élégante urne cannelée. Le style de la maison et du jardin ainsi que l'emplacement du conteneur sont autant de considérations importantes au moment de la sélection, mais, avant tout, le pot doit s'harmoniser avec la plante. Celle-ci nécessite un bon drainage et un espace suffisant pour ses racines. En outre, elle demande une certaine stabilité — il n'y a rien de pire que ces plantes qui semblent sur le point de se renverser au moindre coup de vent ! Par ailleurs, il faut tenir compte de la couleur et du comportement de la plante. Ainsi, pour paraître au mieux de leur beauté, les plantes rampantes s'accommodent de bacs assez hauts et plutôt simples. Il serait, en effet, dommage de cacher un décor raffiné sous un tapis de feuillage, terne en comparaison !

Préférez les formes classiques. Urnes en pierre reconstituée, jardinières et augets imitent les jardins du passé. Sans rivaux, ils ont toujours résisté à l'épreuve du temps. Évitez les conteneurs en béton, mal moulés et vieillis artificiellement. De même, les pots en terre cuite adoptent un style classique, arborant des têtes de lion, des guirlandes ou autres motifs tout aussi simples. Hélas ! Ils sont très souvent de mauvaise qualité !

Les bacs se répartissent en deux catégories : les amovibles et les fixes. Ceux de taille imposante et difficiles à déplacer, telle une grande urne montée sur piédestal, doivent être soumis au même traitement que les ornements de jardin. Par ailleurs, le type de matériau joue également un rôle essentiel. Ainsi, les conteneurs en pierre, en pierre reconstituée et en béton feront partie de la structure définitive de l'ensemble et exigeront, de ce fait, un positionnement adéquat.

Les bacs amovibles remplissent, quant à eux, des fonctions beaucoup plus diverses : embellir des escaliers, flanquer une arche... De surcroît, ils peuvent s'inscrire dans la composition permanente du jardin, surtout s'ils contiennent des persistants, du buis taillé par exemple. Avantage inestimable, ils permettent de rompre la monotonie d'un jardin

1 *Une décoration simple vaut souvent mieux que la multiplication de détails confus — principe qui doit s'appliquer rigoureusement dans les régions chaudes. Ici, cinq grands bacs anciens et superbes, en grès flambé vert, s'ornent en permanence d'un* Senecio *aux feuilles grises et d'arbustes persistants. L'ensemble adoucit la précision de l'architecture méditerranéenne et l'austérité du dallage en pierre, joliment assorti d'un cercle de galets. Les pots en grès ne supportent pas le gel et doivent donc être rentrés dès les premiers signes de froidure.*

2

2 *Les demi-tonneaux en bois font de superbes bacs pour les plantes. Leur attrait réside, en partie, dans l'équilibre de leurs proportions et l'harmonie de leurs matériaux (bois patiné cerclé de fer). Ils conviennent tout spécialement aux plantes hautes : arbustes, fuchsias communs ou lis. Cet ensemble trône au beau milieu d'une surface dallée en briques, offrant un agréable spectacle saisonnier avec ses fleurs roses et bleues, son feuillage au vert tendre. Les plantations se composent, au centre, de hautes* Cleome *« Hassieriana » et, au-dessous, d'un mélange de pétunias et de verveine. Choix idéal pour l'été !*

1

2

3

grâce aux fleurs et aux feuillages. Faciles à déplacer, ils offrent au concepteur la possibilité de remodeler la physionomie de l'ensemble. Les surfaces proches de la maison se prêtent particulièrement bien à l'exposition de bacs. Ainsi, vous pourrez mieux profiter de vos plantations et vous vous plierez plus volontiers à l'arrosage constant qu'exigent les plantes en pots. Un seul mot d'ordre : la discrétion ! Disposés de façon anarchique, les conteneurs risqueraient de défigurer le paysage.

Il est indéniable que les bacs nécessitent des soins minutieux, mais donnent des résultats à la hauteur des efforts. Les sedums sont, je crois, les seules plantes qui, sans entretien, réussissent à pousser et retombent en superbes cascades par-dessus bord. Presque toutes les autres plantes en pots requièrent un changement de terre, une fertilisation et un arrosage réguliers, gages de survie. Et n'oubliez pas de tenir compte des exigences spécifiques des plantes. Celles qui, comme les rhododendrons, ne supportent pas la chaux devront recevoir un compost approprié. De plus, il vous faudra veiller tout spécialement au drainage des plantes alpines. Enfin, assurez-vous que l'emplacement convient à la nature des plantations ; certaines adorent le plein soleil, d'autres préfèrent la mi-ombre.

Les bacs acceptent volontiers les plantations permanentes. Ainsi, le buis tolère assez bien la sécheresse et permet de nombreuses possibilités quant à la forme : spirales, cônes et boules. De même, le laurier, commun ou pyramidal, produit un fort bel effet dans des bacs Versailles. C'est également le cas du *Viburnum tinus*, une valeur sûre, du houx et du laurier du Portugal (*Prunus lusita-*

1 *Un unique bac sera mieux mis en valeur, posé sur un socle surélevé, tels une balustrade ou, comme ici, un muret. Ce superbe panier en terre cuite offre une palette de couleurs estivale. Les plantes s'organisent en cercles concentriques : au centre, des fuchsias rouges ; puis, un héliotrope pourpre ; enfin, des pélargoniums rampants roses.*
2 *Les escaliers font un présentoir pour plantes original par ses différents niveaux. Cependant, ils doivent être assez larges pour que les pots ne gênent pas le passage. La double rangée de fuchsias et de bégonias encadrent à merveille les marches qui descendent jusqu'à une terrasse. À noter : deux fuchsias communs semblent monter la garde au pied de l'escalier.*
3 *Cet ensemble modeste de pots en terre remplis de géraniums et de pétunias apporte une note de gaieté estivale plus que nécessaire à cette cour dallée. Les plantes en pots ont l'art de rompre la monotonie d'un dallage comme celui-ci.*

A

A Carrés, les bacs Versailles en bois conviennent tout particulièrement au laurier taillé (***Laurus nobilis***). Ils se marient à l'architecture — c'est pourquoi ils encadrent si souvent les portes-fenêtres — ainsi qu'à un ameublement assez classique.

B

B Les pots en terre existent sous toutes les formes et dans toutes les dimensions. Éléments de décor à part entière, ils sont de loin préférables à la gamme pourtant variée des bacs en plastique.

C

C L'urne est tout aussi ornementale que son piédestal. Bien sûr, l'ensemble doit respecter un équilibre des proportions et se trouver à un endroit qui le mette en valeur. La hauteur de cette urne a permis d'y planter une espèce rampante pour le moins inhabituelle : le ***Lotus berthelotii***.

1

2

1 *Durant les mois d'été, ces deux pots bleus et blancs, qui font office de sentinelles, apportent une note d'originalité dans le jardin où les tons de vert prédominent. Ce type de pots en faïence a connu un franc succès au XVIII*[e] *siècle. Une tradition qu'il serait dommage d'abandonner ! Pour ma part, j'aurais préféré les assortir de plantes moins discrètes comme, par exemple, un grand* Lilium regale *blanc.*
2 *Placée sur une surface dallée en briques, une seule urne remplie de marguerites blanches* (Chrysanthemum frutescens) *suffit à attirer le regard. L'esthétisme un peu maniéré de l'urne se trouve contrebalancé par la simplicité du cadre et des plantations. Disposés au pied de l'ornement, les géraniums donnent un feuillage fourni qui tapisse bien le sol.*
3 *Avec leurs superbes boules de fleurs mousseuses, les hydrangées réussissent à embellir le plus simple des pots. Autre avantage, leur floraison dure longtemps. L'*Hydrangea macrophylla *se présente sous de multiples variétés et couleurs, du pourpre métallique au blanc immaculé, en passant par toutes les teintes de bleu.*

nica), lequel peut être taillé en un joli dôme. De leur côté, les arbustes caducs se prêtent parfaitement aux plantations en pots, notamment les érables (espèces et variétés cultivées d'*Acer*) et les plantes vivaces à floraison telles que l'agapanthe. Composants classiques des grands jardins italiens, citronniers et orangers sont les plus indiqués. Malheureusement, ils sont fragiles et doivent donc être rentrés à l'intérieur durant les mois d'hiver.

Les plantations saisonnières offrent de nombreuses variantes. Pour ma part, je privilégie celles de printemps et d'été, tout en les assortissant d'éléments permanents, comme le lierre rampant ou les persistants, afin d'établir une transition entre les saisons de floraison. Pour les mois les plus ingrats, songez aux pensées, à certains bulbes très précoces (iris nains) et à la bruyère (qui peut être considérée comme permanente).

Les jardiniers, même les plus chevronnés, commettent souvent l'erreur de choisir des bacs trop étroits, ce qui produit un effet désordonné.

Choix de plantes adaptées à la culture en pots : pages 140-141, listes 14 à 17.

3

LES CONSTRUCTIONS DE JARDIN

Par le passé, les grands jardins s'ornaient souvent de constructions en tout genre : temples classiques, grottes taillées dans le roc, pagodes ou retraites d'ermite. À l'exemple des ornements, celles-ci visaient à susciter dans l'esprit du visiteur une foule d'images et de pensées sur les triomphes d'antan, les dieux antiques, les mystères et les splendeurs de l'Orient... En parallèle, elles poursuivaient un but pratique, à savoir protéger des rayons implacables du soleil et des averses soudaines. Dans les petits jardins d'aujourd'hui, les constructions doivent répondre à des critères analogues, c'est-à-dire présenter un caractère à la fois artistique et fonctionnel.

Tout comme autrefois, les constructions de jardin appellent une architecture fine et permettent de s'inspirer des courants esthétiques d'autres temps et d'autres lieux, de mettre à profit l'ensemble du répertoire ornemental. Elles se doivent de constituer un plaisir de l'œil à n'importe quel moment de l'année. Hélas ! Il n'y a rien de plus affreux que celles produites en série, pauvres cabanes en bois dépourvues de toute notion d'architecture. Heureusement, il existe à présent des fabricants spécialisés qui proposent une large gamme de jolis pavillons d'été et de belvédères.

Sur une parcelle réduite, une construction de cette nature rend, en général, tout autre ornement superflu. Son positionnement dépendra de l'ensoleillement souhaité ainsi que de l'architecture globale du jardin. Elle peut soit faire office de centre d'intérêt visuel, soit se nicher dans un recoin calme et intime. Si, au contraire, vous désirez lui donner encore davantage d'importance, perchez-la sur une plate-forme ou en haut d'une brève volée de marches, ornez-la de

*Ampleur des proportions et originalité du design sont deux conditions essentielles pour réussir une construction de jardin. Même sur une superficie réduite, une construction peut servir de point d'ancrage du regard, procurer un abri contre le soleil ou la pluie et offrir une retraite où se détendre et contempler le paysage. Ce pavillon d'été octogonal s'orne d'une arche gothique découpée dans un treillis peint en blanc. Un houblon doré (*Humulus lupulus *«Aureus») tapisse le pavillon qui s'agrémente, détail exotique, d'un toit de tuiles en pagode.*

A

A Il est très difficile de trouver un pavillon d'été standard qui allie simplicité, qualité de fabrication et élégance du design. Pour mon propre jardin, je choisirais une construction plus modeste, du style de ce siège gothique sophistiqué.

B

B Si vous possédez les qualités requises, pourquoi ne pas concevoir et fabriquer votre propre construction de jardin. Dans ce cas, n'oubliez pas que si celle-ci se trouve près de la maison, son style doit correspondre à celui de l'architecture. Cette jolie structure rustique se placera, de préférence, à quelque distance de la maison.

1

plantations, surtout de plantes grimpantes odorantes. Mieux vaut se priver de construction de jardin que d'en bâtir une inesthétique qu'un siège décoratif remplacerait avantageusement. Bien que d'une utilité incontestable, cabane à outils et remise nuisent à l'harmonie de l'ensemble. Aussi convient-il de les dérober au regard. Un jardin ne devrait abriter qu'une construction susceptible de l'embellir.

Dans une large mesure, le ton que vous désirez donner à votre jardin déterminera la forme de la construction. Autres considérations à prendre en compte : son usage futur et votre budget. Dans la plupart des cas, il s'agira d'un abri d'où, l'été, vous aurez tout loisir d'admirer votre œuvre. Mais, si l'espace disponible et l'état de vos finances le permettent, vous pourrez aussi en faire une salle de travail dont vous profiterez toute l'année. Bien sûr, il faudra alors songer à l'installation de l'éclairage et du chauffage.

2

Pour bâtir une construction de ce genre, il faut avant tout réfléchir à son échelle par rapport aux dimensions de la maison et du jardin. Évitez le piège de la modestie ; une construction trop petite paraît vite mesquine ! Attention ! Si vous vous trompez dans vos calculs, vous obtiendrez des résultats désastreux. De même, l'équilibre des proportions revêt une importance vitale. Le déséquilibre des fenêtres est sans doute l'une des raisons pour lesquelles les modèles proposés dans le commerce semblent si peu conformes à l'esthétique. En outre, veillez aux lignes de la construction et songez que sa silhouette se découpera contre arbres, arbustes et ciel.

La timidité : voilà bien la plus grande ennemie du concepteur ! Plus que la demeure, la construction de jardin, élément de création par essence, doit se faire l'expression de la personnalité de son propriétaire. Ce n'est qu'à cette condition qu'elle conférera à l'ensemble un caractère unique, bien trop souvent absent des jardins d'aujourd'hui.

1 *Un bureau séparé de la maison principale peut donner lieu à une charmante construction de jardin. Ici, la bibliothèque s'habille de planches peintes, dans le plus pur style de La Nouvelle-Orléans, et ouvre sur un charmant petit jardin classique. Son toit très pointu, qui lui ajoute une note d'originalité, trouve son écho dans les pyramides de buis. Bien qu'une telle entreprise coûte cher en raison de l'installation électrique qu'elle suppose pour l'éclairage et le chauffage, elle n'en représente pas moins un gain de place, une pièce supplémentaire utilisable toute l'année.*

2 *Petit et élégant, le pavillon d'été fait face aux portes-fenêtres de cette maison citadine et constitue un salon où se reposer et déjeuner. Il est l'élément central de ce jardin plein de charme, composé de plantations luxuriantes et de larges allées. Le fait que l'allée principale n'y conduise pas directement confère au jardin une dimension plus vaste qu'en réalité.*

L'EAU

Depuis l'Antiquité, l'eau fait partie du jardin. Redécouvert sous la Renaissance, son potentiel fit l'objet d'une vaste exploitation, et, bientôt, tous les beaux jardins, sans exception, s'ornèrent de décors aquatiques : fontaines aux jets majestueux, sources jaillissant de la roche par des mécanismes artificiels et éclaboussant le visiteur non averti, cascades somptueuses, étangs et rivières artificiels, dénivelés aquatiques, systèmes hydrauliques musicaux... D'ailleurs, on peut encore admirer des exemples célèbres de cette superbe tradition à Versailles et au château de Hellbrun, à Salzbourg. Certes, les jardins d'aujourd'hui sont plus restreints, mais ils n'en permettent pas moins de donner libre cours à notre imagination dans ce domaine.

Lacs, étangs, ruisseaux, chutes d'eau et fontaines ne manquent pas de susciter l'admiration. Stagnante, l'eau évoque le calme, la tranquillité. Vive, elle se pare de mille chatoiements qui illuminent le jardin tout entier et, par une chaude journée d'été, fait naître un murmure apaisant.

Quoi qu'il en soit, introduire l'eau dans le jardin ne va pas sans quelques difficultés et inconvénients. Le plus important a trait, bien entendu, à la sécurité car, même dans un bassin très peu profond, un enfant en bas âge risque de se noyer. L'eau pose également des problèmes d'ordre matériel. La pluie et la neige sont susceptibles de provoquer des crues, le gel, de détruire toute vie animale ou végétale et d'endommager la structure. En outre, le poisson, jamais à l'abri d'un chat en maraude ou d'un oiseau prédateur, peut succomber à un empoisonnement s'il évolue dans un milieu pollué par des débris végétaux. Aussi faut-il éviter d'installer le plan d'eau sous des arbres,

*L'eau est source de luminosité, une qualité que le concepteur de ce jardin a mis à profit avec ce bassin carré. Selon une disposition classique, celui-ci se trouve au centre d'une courte allée en briques, bordée de buis nain, et flanquée à une extrémité de boules de buis, à l'autre de lauriers communs. Au lieu de briques ou de pierre, le bassin se voit délimité par des planches en bois patiné. Les plantations voisine d'*Hostas*, de manteaux de Notre-Dame* (Alchemilla mollis) *et de* Bergenias *adoucissent la géométrie des lignes tandis que des nénuphars flottent à la surface de l'eau.*

A

A Dans un jardin où classicisme et architecture prédominent, il serait plutôt malvenu d'installer un bassin fantaisiste. L'aspect soit-disant « naturel » de certains revêtements de bassin n'est malheureusement qu'un leurre. Mieux vaut mettre à profit la géométrie du plan d'eau pour accentuer le côté formel du jardin. Un jet permettra d'ajouter au plaisir de l'œil, celui de l'oreille.

B

B Installer un bassin au centre d'un petit jardin revient à se priver d'un espace mieux approprié aux plantations ou à l'aménagement d'un salon de plein air, car tout plan d'eau doit se trouver dans un endroit ensoleillé. Si vous préférez donner la priorité à vos hôtes et à la végétation, pourquoi ne pas vous contenter d'une fontaine murale ?

et le débarrasser des feuilles qui viendraient à s'y égarer. Au plus fort de l'été, les bassins attirent les moustiques et les insectes, devenant vite malodorants. Or, l'épuration soulève certaines difficultés, notamment dans le cas d'une eau stagnante.

De l'avis du jardinier passionné, ces inconvénients se voient, néanmoins, largement compensés par les multiples avantages de l'élément liquide. En outre, construction et plomberie sont devenues beaucoup moins problématiques que par le passé. Structure préformées en fibre de verre ou revêtements souples permettent d'aménager un bassin sans trop de mal et, confiés aux mains d'un amateur, donnent des résultats bien plus fiables que le béton. Grâce à une pompe de recyclage électrique et submersible, le renouvellement de l'eau devient un jeu d'enfant. Par ailleurs, ce système, peu onéreux, peut aussi servir à alimenter un jet ou une fontaine.

Dans un petit jardin, la pièce d'eau pose un problème de fond, à savoir son aspect artificiel. Voilà pourquoi les mini-bassins, soit-disant « naturels », ont toujours l'air tellement ridicule... tout autant qu'un bosquet vallonné sur une minuscule parcelle rectangulaire ! Par malheur, on rencontre trop souvent, dans les jardins de banlieue, d'affreux bassins en fibre de verre, aux bords découpés et d'un goût très douteux. Si vous désirez que votre plan d'eau s'insère parfaitement dans votre jardin, vous devez, au contraire, accepter, voire mettre en valeur, son aspect artificiel en le confinant à l'intérieur d'une structure aux contours nets et précis.

Sur une surface restreinte, l'étang classique doit constituer le centre d'intérêt visuel du jardin. Placez-le, pourquoi pas, au centre, loin de l'ombre projetée par les arbres, de façon à ce qu'il capte le plus de reflets possibles. Et préférez la simplicité des formes géométriques. Le bassin peut soit se trouver creusé dans le sol et souligné par un dallage qui l'encadrera et dissimulera la ligne de flottaison,

Deux goulottes en fer, l'une au-dessous de l'autre, déversent leur eau dans des bassins en briques dont celui en contrebas se voit enjambé par un pont d'épaisses planches de bois. L'ensemble se niche au milieu d'une végétation abondante. D'une extrême simplicité, ce mini-plan d'eau permet d'allier le plaisir de l'œil à celui de l'oreille. Très diversifiées, les plantations comprennent légumes, herbes et plantes amoureuses de l'humidité, tels les jaunes soucis d'eau (Caltha palustris), *les plumeuses et rouge foncé astilbes « Fanal » et les* Hosta crispula *aux feuilles bordées de blanc.*

1

soit être surélevé. Dans le second cas, vous l'entourerez d'un parapet en pierre ou en briques qui vous permettra non seulement de vous asseoir pour admirer le jeu de la luminosité, mais aussi d'y exposer des bacs, l'été.

De par ses dimensions, le bassin doit respecter l'équilibre de la composition d'ensemble. Au-dessous de 2,70 mètres de diamètre et d'un mètre de profondeur, il paraîtra ridiculement mesquin. Si vous désirez disposer, en bordure, des plantes aquatiques, tels certains iris, prévoyez à proximité du rebord une zone moins profonde (15 à 30 centimètres). À la surface d'un plan d'eau stagnante géométrique, les nénuphars *(Nymphaea)* produisent un effet charmant, à condition toutefois qu'ils ne recouvrent pas plus du tiers du bassin. Peut-être préférerez-vous des jets d'eau qui, propulsés par une pompe de recyclage électrique, raviront l'oreille en même temps que l'œil. Quoi que vous décidiez, n'oubliez pas que tout bassin a besoin d'être vidé et nettoyé avec soin tous les trois ans.

Par ailleurs, les petites fontaines sculptées peuvent également attirer le regard. En ce qui concerne leur taille et leur positionnement, procédez avec autant de circonspection que pour les ornements de jardin. Dans le cas d'une parcelle très réduite, je préfère, pour ma part, les fontaines murales qui, sans occuper beaucoup de place, procurent tous les plaisirs de l'eau. Certaines se réduisent à une simple goulotte métallique, d'autres s'ornent d'un dauphin ou d'une tête de lion. Vous adapterez le cadre en fonction de leur style. La puissance du jet ainsi que la profondeur et la forme de la vasque offrent maintes possibilités. Le sol au pied de la fontaine est très humide ? Alors, créez un effet luxuriant en y plantant des *Hostas,* des iris *(Iris sibirica* ou *I. laevigata)* et des arums *(Zantedeschia aethiopica)*.

Quoi que fort intéressantes, les suggestions, somme toute assez classiques, présentées ci-dessus ne sont que des exemples parmi beaucoup d'autres. Véritables chefs-d'œuvre du genre, certains petits jardins s'articulent uniquement autour de pièces d'eau aménagées dans le sol et reliées par des passerelles en caillebotis. Elles représentent, hélas !, un investissement énorme. À l'inverse, d'autres affichent un parti pris de simplicité avec un jet modeste retombant sur un lit de gros galets ou sur un bloc de pierre de forme originale, serti dans des galets. Cette dernière solution allie plusieurs avantages : d'une part, elle permet un plaisir auditif et visuel ; d'autre part, elle élimine les risques d'accidents pour les jeunes enfants.

2

1 *Cachée dans un recoin du jardin, une fontaine vous ravira, surtout par une chaude journée d'été. Les fontaines font très bel effet dans les espaces restreints. Le jet fin jaillit de la statue avant de retomber dans une petite vasque, pour s'écouler ensuite dans un bassin circulaire. Les proportions de cet exemple — hauteurs du piédestal et de la statue, diamètres de la vasque et du bassin — respectent un bel équilibre. Miroitant sous le soleil, l'eau procure une sensation de fraîcheur immédiate.*
2 *Aménagement simple, mais intelligent. L'eau tombe d'une première goulotte métallique dans une seconde, avant de se déverser dans un petit ruisseau artificiel qui chemine à travers les herbes et un épais tapis de larmes de bébé* (Helxine soleirolii). *Sobres, les plantations incluent un bouquet de bambous.*
3 *Ce petit jet d'eau qui jaillit au centre d'un large bassin circulaire en pierre n'est pas sans évoquer le Japon. L'ensemble siège sur un lit de gros galets de couleur pâle. Contrairement au plan d'eau creusé dans le sol, ce bassin ne présente aucun danger pour les enfants en bas âge. Ce type de fontaine conviendrait parfaitement au jardin dallé d'une maison très moderne.*

3

SÉLECTION DE PLANTES

symboles et abréviations

○	soleil
◑	demi-ombre
●	ombre
Sol	
A	nécessite un sol acide
C	nécessite ou tolère un sol calcaire
H	sol humide qui retient l'eau mais, parallèlement, assez bien drainé
N	sol normal assez riche en humus et assez bien drainé
S	sol sec, bien drainé
Saison	
d.	début
m.	milieu
f.	fin
Divers	
c.	comestible
cad.	caduc

des.	dessert (au couteau)
feu.	feuilles
fl.	fleurs
fr.	fruit
g.	grande taille
herb.	herbacée
p.	petite taille
p.t.	de pleine terre, résistant
parf.	parfumé
pers.	persistant
tr.	très
v.c.	variétés cultivées (horticulture)
viv.	vivace

* L'expression « non p.t. à 100 % » signifie que, selon le climat, la plante pourra avoir besoin d'une protection en hiver. Celles en pots sont toujours plus vulnérables.

1 PLANTES POUR DALLAGES

Ajuga reptans	« Multicolor » ◑ N ; 10-30 cm, 30 cm à maturité ; pers. viv. ; fl. bleues, m. printemps-été ; feu. vertes et bronze, jaunes, roses.
Alchemilla mollis	● N ; 45 cm ; herb. viv. ; fl. jaune-vert, m. été ; feu. largement lobées ; se plaît partout.
Armeria maritima	○ S ; 15-30 cm, 30 cm à maturité ; pers. viv. ; fl. du blanc au rouge sang ; feu. linéaires.
Anthemis nobilis	○ N ; 20 cm, 45 cm à maturité ; viv. ; fl. semblables à la marguerite ; feu. aromatiques ; (également *A.n.* « Plena », fleurs jaunes en pompon).
Campanula carpatica	○ S (C) ; 30 cm, s'étend jusqu'à 40 cm ; herb. viv. ; fl. du blanc au pourpre.
Dianthus alpinus	○ S (C) ; 10 cm, 30 cm à maturité ; pers. viv. ; fl. roses.
Dianthus v.c.	○ S (C) ; 15-30 cm, 45 cm à maturité ; pers. viv. ; feu. grises ; fl. du blanc au carmin.
Euphorbia myrsinites	○ S ; 45 cm, s'étend jusqu'à 60 cm ; pers. viv. ; feu. grises ; fl. jaune-vert.
Sedum acre « Aureum »	○ S ; 5 cm, 30 cm à maturité ; viv. ; feu. jaunes.
Sempervivum tectorum	○ S ; 15 cm, rosettes de feuilles jusqu'à 30 cm ; pers. viv. ; feu. vert sombre à bout marron ; fl. du rose au rouge pourpré.
Thymus praecox	○ S (C) ; 2,5 cm, 60 cm à maturité ; pers. viv. ; fl. pourpres, m. été.

2 PLANTES GRIMPANTES À FLORAISON ET ARBUSTES DE MUR

Ceanothus « Gloire de Versailles »	○ N ; 2 m ; cad. ; fl. bleutées, d. été.
Chaenomeles speciosa	○ N ; 2 m ; cad. ; fl. écarlates, m. printemps ; fr. jaunes en automne.
Clematis macropetala	◑ N ; 3 m ; cad. ; fl. dodelinantes, uniques, bleu lavande, f. printemps.
Clematis viticella	◑ N ; 4 m ; cad. ; fl. du rougeâtre au bleu pourpré, de m. été à d. automne.
Cytisus battandieri	○ N ; 4 m ; cad. ou semi-pers. ; fl. jaunes, agréable odeur d'ananas, d. été ; feu. grises, soyeuses.
Hydrangea petiolaris	◑ H ; 15 m ; cad. ; indépendante ; fl. blanches, d. été.
Ipomoea purpurea	○ N ; 3 m ; annuelle ; fl. bleues, f. été ; semailles au printemps.
Jasminum nudiflorum	● N ; 2 m ; cad. ; fl. jaunes, f. hiver.
Jasminum polyanthum	○ N ; 3 m ; cad. ; fl. blanches, parf., f. été.
Lathyrus latifolius	○ N ; 3 m ; herb. viv. ; fl. du rose-pourpre au blanc, f. été.
Magnolia grandiflora	○ H (C) ; 10 m ; pers. ; fl. blanches, parf., m. été ; nécessite un mur chaud.
Schizophragama hydrangeoides	○ H ; 10 m ; cad. ; indépendante ; fl. blanches, m. été.
Solanum crispum « Glasnevin »	○ N ; 4 m ; cad. ; fl. mauves et jaunes, de m. été à m. automne ; non p.t. à 100 %.
Tropaeolum speciosum	◑ S ; 2 m ; herb. viv. ; fl. rouges, m. été.

3 PLANTES GRIMPANTES ET ARBUSTES DE MUR POUR FEUILLAGE ET BAIES

Actinidia kolomikta	○ N ; 7 m ; feu. vertes, roses et blanches ; fl. blanches, parf., m. été.
Ampelopsis brevipedunculata	○ N ; 4 m ; cad. ; fr. bleu-violet devenant pourpres m. automne ; non p.t. à 100 %.
Cotoneaster horizontalis	◑ S ; 1 m ; jusqu'à 3 m de largeur ; cad. ; p. feu. ; fr. rouges, f. été ; fl. blanches.
Hedera canariensis « Gloire de Marengo »	◑ N ; 2 m ; feu. gris-vert aux bords crème dentelés ; non p.t. à 100 %.
Hedera helix « Goldheart »	◑ N ; 3 m ; feu. vert sombre avec au centre une tâche de jaune.
Parthenocissus tricuspidata	◑ H ; 15 m ; cad. ; feu. cramoisies en automne ; fr. bleu foncé, cireux.
Pyracantha coccinea « Lalandei »	○ N ; 5 m ; cad. ; fr. orange ; fl. blanches en grappes ; épineux.
Rosa « Cupid »	○ N ; 5 m ; grosses baies rouge orangé, pers., d. automne ; fl. d'un léger rose.
Vitis « Brant »	◑ H ; 5 m ; feu. profondément lobées, du rouge au pourpre, veinées de jaune m. automne ; p. fr. noirs.
Vitis vinifera « Purpurea »	◑ H ; 5 m ; feu. bordeaux qui, en vieillissant, deviennent rouge-pourpre ; fr. noirs.

4 ROSIERS GRIMPANTS

Tous caducs, sauf mention expresse.

« Aloha »	○ N ; 1,50-3 m ; fl. doubles, roses, parf., à plusieurs floraisons de d. été à d. automne ; résiste au mildiou ; solide.
« Climbing Allgold »	○ N ; 2,40 m ; fl. semi-doubles, jaune doré, à plusieurs floraisons de m. été à d. automne.
« Constance Spry »	○ N ; 2,40 m ; g. fl. roses, parf., d. été.
« Dorothy Perkins »	○ N ; 3,30 m ; fl. rose vif, d. été ; prédisposition au mildiou, non adapté aux murs.
« Gloire de Dijon »	○ N ; 3,30 m ; fil. orange-jaune clair, doubles, à plusieurs floraisons de m. été à m. automne.
« Golden Showers »	○ N ; 2-3,30 m ; nombreuses, g. fl. doubles, jaunes, de m. été à d. automne.
« Helen Knight »	○ N ; 2,10 m ; fl. uniques, jaune clair, légèrement parf., d. été ; feu. délicates.

« Kathleen Harrop »	○ N ; 2,40 m ; fl. rose pastel, à plusieurs floraisons de d. été à d. automne.
« Maigold »	○ N ; 2,40 m ; fl. semi-doubles, jaunes, parf., m. été ; g. feu. vert sombre ; tr. épineux.
« Parkdirektor Riggers »	○ N ; 4 m ; fl. semi-doubles, g. grappes, rouges, à plusieurs floraisons de m. été à d. automne ; feu. vert sombre.
« Paul's Scarlet Climber »	○ N ; 3,30 m ; fl. semi-doubles en p. grappes, cramoisies, m. été.
« Raubritter »	○ N ; 2,40 m ; nombreuses fl. semi-doubles en pompon, rose-pourpre, m. été.
« Réveil Dijonnais »	○ N ; 2,40 m ; nombreuses fl. semi-doubles, g., écarlate-cramoisi avec une touche de jaune au centre, à plusieurs floraisons de m. été à d. automne.
« Souvenir de la Malmaison »	○ N ; 3,30 m ; g. fl. rose pâle, parf., à plusieurs floraisons de m. été à d. automne.
« The New Dawn »	○ N ; 4 m ; fl. semi-doubles, roses, en grappes, m. été ; feu. luisantes.
« Zéphirine Drouhin »	○ N ; 3 m ; fl. semi-doubles, cerise-carmin, parf., d. ou m. été ; tête morte.

5 PLANTES DE ROCAILLE POUR MURS

Alyssum saxatile « Citrinum »	○ N ; 20 cm, 45 cm à maturité ; fl. jaune pâle ; feu. grises.
Androsace sarmentosa	◑ N ; 15 cm, 60 cm à maturité ; fl. roses, été ; à protéger de l'humidité en hiver.
Anthemis cupaniana	○ S ; 15 cm, tapis de 30 cm d'épaisseur ; fl. semblables à la marguerite, de l'été à l'automne ; feu. grises, plumeuses.
Arabis ferdinandi-coburghii	○ N ; 15 cm, tapis de 30 cm d'épaisseur ; pers. viv. ; blanc, m. printemps (également *A.f.-c.* « Variegata », feu. bariolées).
Aubrieta deltoidea	◑ N ; 15 cm, tapisse ou retombe sur 60 cm maximum ; pers. viv. ; fl. dans les pourpres, m. printemps.
Campanula poscharskyana	◑ S (C) ; 15 cm, s'étend sur 60 cm ; pers. viv. ; fl. bleu-pourpre, de f. printemps à f. été.
Cerastium tomentosum	○ N ; 15 cm, 45 cm à maturité ; pers. viv. ; fl. blanches, m. été ; feu. grises.
Cheiranthus « Harpur Crewe »	○ N ; 25 cm ; pers. viv. ; fl. doubles, jaunes.
Helianthemum nummularium	○ S (C) ; 15 cm, 60 cm à maturité ; pers. viv. ; fl. jaunes, f. printemps, avec des touches de crème, de blanc, de rose et d'orange.
Iberis sempervirens	○ N ; 20 cm ; se ramifie en partie jusqu'à 75 cm ; pers. viv. ; fl. blanches, de m. printemps à m. été.
Phlox subulata	○ H (C) ; 15 cm, 1 m à maturité ; viv. ; fl. du rose au pourpre, f. printemps.
Saxifraga longifolia	○ N ; 30-60 cm ; pers. viv. ; feu. en rosettes ; fl. blanches sur longues tiges, m. été ; à protéger de l'humidité en hiver.

6 HAIES PERSISTANTES

Buxus sempervirens	◑ S ; 3 m ; p. feu. rondes ; taille en été ; convient à la taille ornementale et à la culture en pots.
Buxus sempervirens « Suffruticosa »	◑ S ; 30 cm ; taille au printemps et en été ; idéal pour les bordures.
Cupressus macrocarpa	○ N ; 4 m ; conifère ; feu. aromatiques une fois écrasées ; taille à m. automne.
Elaeagnus pungens « Maculata »	◑ N ; 3 m ; feu. avec du jaune au centre ; taille au sécateur au printemps.
Ilex x altaclenrensis « Golden King »	◑ N ; 3 m ; feu. bordées de jaune ; quelques épines ; fr. rouges ; taille au sécateur en automne.
Ilex aquifolium	◑ N ; 4 m ; feu. vert sombre ; épineux ; fr. rouges ; taille au sécateur f. automne.
Ligustrum ovalifoliump « Aureum »	◑ N ; 4 m ; p. feu. jaunes ; élagage au prinemps et en été.
Lonicera nitida	○ N ; 1,20 m ; feu, minuscules ; idéal pour haie étroite ; élagage au d. printemps.
Prunus laurocerasus	◑ N ; 4 m ; larges feu. vert pomme ; taille en m. été.
Prunus lusitanica	○ N ; 6 m ; feu. vert sombre ; taille au sécateur au printemps.
Rosmarinus officinalis « Miss Jessup's Upright »	○ S ; 1,50 m ; feu. étroites, gris-vert ; fl. bleues, été ; variété dressée ; non p.t. à 100 %.
Santolina chamaecyparissus	◑ S ; 40-60 cm ; feu. étroites, grises ; coupe avant fl. jaunes f. printemps.
Taxus baccata	◑ N ; 3 m ; p. feu. vert sombre ; fr. rouges ; taille au printemps ou à l'automne.
Taxus x intermedia « Hicksii »	○ N ; 3 m ; feu. plus larges que ci-dessus, compose des haies plus uniformes.
Thuja plicata	○ N ; 4 m ; feu. aromatiques ; pousse lente ; taille au printemps.
Viburnum tinus	● S ; 2 m ; fl. du blanc au rose, de f. automne à d. printemps ; fr. bleu-noir, de f. été à d. automne.

7 HAIES CADUQUES

Berberis thunbergii « Rose Glow »	◑ N ; 1,20 m ; feu. tachetées de pourpre ; tige épineuse ; fl. rouges ; fr. rouges et brillants ; élagage f. hiver.
Carpinus betulus	◑ N ; 2,20 m ; garde ses feu. brunes tout l'hiver ; idéal pour une haie surélevée ; taille m. été.
Corylus avellana	◑ N ; 3 m ; feu. vert pâle dentelées ; rejetons ; taille en hiver.
Cotinus coggygria	○ N ; 3,20 m ; feu. circulaires ; fl. semblables à des bouffées de fumée ; pousse désordonnée.
Fagus sylvatica	● N ; égal ou supérieur à 4 m ; garde ses feu. brunes tout l'hiver ; taille m. été.
Prunus spinosa	○ N ; 3 m ; fl. blanches, d. été ; fr. noirs, m. automne ; élagage de f. automne à d. hiver.

8 HAIES À FLORAISON

Berberis stenophylla	◑ N ; 3 m ; pers. ; fl. jaune orangé, d. été ; fr. noirs ; taille après floraison.
Buddleja alternifolia	○ N ; 3 m ; cad. ; fl. pourpres, m. été ; à élaguer largement f. hiver.
Camellia x williamsii « St. Ewe »	◑ S (A) ; 4 m ; pers. ; feu. vert sombre, luisantes ; fl. d'un rose profond, d. printemps ; élagage après floraison.
Escallonia x rigida « Donard's Seedling »	○ N ; 2 m ; pers. ; fl. blanches, f. été ; élagage d. printemps ; non p.t. à 100 %.
Hebe speciosa « Alicia Amherst »	○ N (C) ; 1,20 m ; pers. ; fl. d'un bleu pourpré profond, m. été ; taille après floraison ; non p.t. à 100 %.
Hypericum « Hidcote »	○ N ; 1,50 m ; presque pers. ; fl. jaunes, f. été ; élagage m. automne.
Nepeta x faassenii « Six Hills Giant »	○ N (C) ; 60 cm ; herb. viv. ; fl. bleu lavande ; feu. grises, laineuses ; taille après floraison.
Osmanthus delavavi	○ N ; 2 m ; pers. ; fl. blanches, parf., m. printemps ; élagage après floraison ; non p.t. à 100 %.
Rosa « Fritz Nobis »	○ N ; 1,50 m ; fl. semi-doubles, rose saumon, parf. ; baies rouge sombre, pers. ; élagage d. printemps.

Rosa « Madame Isaac Pereire »	○ N ; 2 m ; tr. g. fl. doubles, cramoisies, parf., m. été ; élagage d. printemps.
Rosa pimpinellifolia « Hispida »	○ N ; 2 m ; fl. jaune pâle, simples, f. printemps ; baies rondes ; élagage d. printemps.
Rosa rugosa « Roseraie de L'Hay »	○ N ; 2 m ; tr. g. fl. semi-doubles, pourpre-cramoisi, parf., d. été ; élagage d. printemps.
Spiraea « Argata »	○ N ; 2 m ; cad. ; fl. blanches, d. printemps avant feu. ; élagage après floraison.
Syringa vulgaris v.c.	○ H ; 4 m ; cad. ; fl. du blanc au pourpre, f. printemps ; élagage après floraison.
Viburnum opulus « Sterile »	○ H (C) ; 2 m ; cad. ; fl. blanches en panicules ronds, f. printemps ; feu. se colorent en automne ; élagage après floraison.

9 PLANTES GRIMPANTES ROBUSTES POUR PERGOLAS

Actinidia chinensis	○ N ; 10 m ; cad. ; fl. d'un crème cotonneux ; fr. marron.
Clematis armandii	◑ H ; 6 m ; pers. ; fl. blanches, parf., f. printemps ; feu. vert sombre brillant.
Clematis montana	◑ H ; 8 m ; cad. ; fl. bleu pourpré, f. printemps ; (*C.m.* « Rubens », fl. roses).
Clematis tangutica	○ H ; 5-6 m ; fl. dodelinantes, jaunes, f. été ; fr. en aigrettes soyeuses.
Hedera colchica « Dentata Variegata »	◑ N ; 5 m ; feu. en forme de cœurs, jusqu'à 20 cm de long, vertes avec des bords crème irréguliers.
Humulus lupulus « Aureus »	◑ H ; 6 m ; herb. viv. jumelles ; feu. 3-5 lobées, jaune d'or rosé ; fl. (houblon) en grappes, f. été.
Lonicera japonica halliana	◑ N ; 8 m ; fl. blanches qui, en vieillissant, deviennent jaunes, parf., m. été ; fr. noirs.
Passiflora caerulea	○ N ; 10 m ; cad. ; fl. pourpres ; feu. profondément lobées ; fr. orange en forme de prunes ; non p.t. à 100 %.
Polygonum baldschuanicum	○ N ; 15 m ; cad. ; fl. teintées de blanc ou de rose, m. été ; tr. envahissant.
Vitis coignetiae	◑ H ; 13 m ; feu. longues de 30 cm, écarlates et cramoisies en automne ; fr. noirs.
Wisteria sinensis	○ H ; 15 m ; cad. ; fl. pourpres jusqu'à 30 cm de long, f. été, avant feu.

10 ROSIERS SARMENTEUX

Tous caducs, sauf mention expresse ; nécessitent parfois une protection en hiver.

« Alberic Barbier »	○ N ; 8,30 m ; fl. simples, en petites grappes, blanches, tr. florifère, m. été ; feu. vert sombre brillant.
« Albertine »	◑ N ; 6,60 m ; fl. en petites grappes, roses, d. été ; convient aux murs exposés au nord ; tr. épineux.
Rosa banksiae	○ N ; 10 m ; fl. blanc crème, d. été.
« Climbing Cécile Brunner »	○ N ; 6,60 m ; fl. doubles, rose pâle, en rameaux, parf., floraison tr. abondante, d. été.
« Félicité Perpétue »	○ N ; 6,60 m ; p. fl. en grosses grappes, blanc crème, odorantes, floraison abondante, m. été ; feu. d'un vert léger.
Rosa filipes « Kiftsgate »	○ N ; 6,60 m ; fl. en grosses grappes, simples, blanches avec étamines jaunes, d. été.
« Francis E. Lester »	○ N ; 5 m ; fl. simples, en grosses grappes, blanches, odorantes, d. et m. été ; baies ovales, rouge orangé, f. automne.
« Lawrence Johnston »	○ N ; 6,60 m ; fl. semi-doubles, jaunes, parf., d. été ; feu. d'un vert brillant.
« Madame Alfred Carrière »	○ N ; 6,60 m ; g. fl. doubles, blanches, parf., floraison abondante de m. à f. été ; épineux.
« Madame Grégoire Staechelin »	○ N ; 5 m ; fl. semi-doubles, roses, en grosses grappes, d. été ; g. baies, couleur abricot, m. automne ; très robuste.
« Mermaid »	○ N ; 8-12 m ; grosses fl. simples, jaune pâle, à plusieurs floraisons de m. été à d. automne ; feu. vert sombre ; pers. sous climat tempéré.
« Wedding Day »	○ N ; 8,30 m ; fl. simples, en grosses grappes, blanches, m. été ; épineux ; tr. robuste.

11 ARBRES ET ARBUSTES À CONDUIRE

Buxus sempervirens	● S ; 2 m ; arbuste pers. ; p. feu. d'un vert brillant ; taille en cônes et en boules, d. été, pousse lente.
Cornus alba « Sibirica »	◑ H ; 1,50 m ; arbuste cad. ; fl. blanches ; vire au rouge vif en hiver ; étêtage m. printemps.
Cornus mas	◑ H ; 8 m ; arbuste cad. ; fl. jaune pâle, de f. hiver à d. printemps, avant feu. ; fr. rouges, m. automne ; taille ornementale.
Crataegus monogyna	○ N ; 6 m ; arbre cad. ; fl. blanches, m. printemps ; fr. rouges, f. automne ; taille ornementale.
Eucalyptus gunnii	○ N ; 1,50 m ; arbre pers. ; feu. rondes, glauques, juvéniles, si taillé d. printemps.
Euonymus fortunei « Emerald Gaiety »	◑ N ; 1,20 m ; arbuste pers. ; feu gris-vert, à bord blanc, roses en hiver ; bonne qualité.
Ilex aquifolium « Golden Queen »	● N ; 3 m ; arbuste pers. ; feu. bordées de jaune doré ; taille ornementale.
Laburnum x watereri « Vossii »	○ N ; 3 m ; arbre cad. ; fl. jaunes en longs nacèmes, d. été ; à conduire en hiver pour former une arche.
Laurus nobilis	◑ N ; 2 m ; arbuste pers. ; feu. vert sombre ; élagage pour mise en forme m. été.
Platanus orientalis	○ N ; arbre cad. ; jusqu'à 2,50 m une fois entrelacé ; feu. 3-5 lobées ; à conduire en hiver.
Quercus ilex	◑ N ; arbre pers. ; belle haie surélevée sur 4 m.
Salix alba « Chermesina »	○ H ; 4 m ; arbre cad. ; vire à l'orange l'hiver ; étêtage f. printemps.
Taxus baccata	● N ; 8 m ; arbre pers. ; p. feu. vert sombre ; taille en cônes, pyramides..., d. été.
Tilia x euchlora	○ N ; 8 m ; arbre cad. ; feu. vert profond et brillant ; à conduire en hiver.

12 POMMIERS À PALISSER

Poussent sur des souches naines M. 9 ou MM. 106 anti-virus. Vérifier la compatibilité pour pollinisation.

« Bramley's Seedling »	fr. de f. automne à f. hiver, vert illuminé d'un rouge-marron, bonne conservation ; vigoureux ; c.
« Discovery »	fr. de f. été à d. automne, jaune-vert pâle ; saveur agréable ; tendance à porter les fruits en bout de branche ; des.
« James Grieve »	fr. de d. à m. automne, vert pâle, mous mais bons et juteux ; bonne pollinisation ; des.
« Lane's Prince Albert »	fr. de f. automne à d. printemps, du vert léger au jaune pâle, saveur agréable ; facile à entretenir, récoltes régulières ; c.
« Lord Lambourne »	fr. de d. automne à d. hiver, jaune-vert pâle, rouge-pourpre, juteux ; produit des rejetons ; des.
« Reverend W. Wilks »	fr. f. été, bonne conservation ; pousse sans problème.
« Sunset »	fr. de m. automne à f. hiver, du jaune à l'orange, croquants, juteux ; ressemble à la variété « Cox », mais plus facile à cultiver ; des.

13 POIRIERS À PALISSER

Poussent sur des souches de cognassier A ou C. Vérifier la compatibilité pour pollinisation.

« Beurré Hardy »	fr. m. automne, p., ronds, d'un jaune verdâtre, délicieuse saveur eau-de-rose.
« Conférence »	fr. de m. à f. automne, longs et verts, fermes se conservent bien, goût de miel si frais.
« Doyenne du Comice »	fr. de f. automne à d. hiver, gros et jaunes ; nécessite un endroit chaud et protégé.
« Joséphine de Malines »	fr. de m. à f. hiver, ronds et verts, marbrés de brun, fraîcheur, excellente saveur.
« Merton Pride »	fr. de m. à f. automne, vert pâle marbré de brun, saveur exquise ; nécessite un pollinisateur.
« Williams Bon Chrétien »	fr. d. automne, jaunes, forme typique, goût agréable malgré une certaine mollesse, se conserve mal.

14 FLEURS POUR POTS : HIVER ET DÉBUT DU PRINTEMPS

Camellia x williamsii « Donation »	◑ H (A) ; 2 m ; arbuste pers. ; fl. roses ; feu. d'un vert sombre brillant ; nécessite un arrosage abondant.
Crocus chysanthus « Cream Beauty »	○ S ; 10 cm ; bulbe ; fl. jaune crème, f. hiver.
Daphne mezereum	○ N (C) ; 1 m ; arbuste cad. ; fl. pourpres, parf., d. printemps, avant feu. ; fr. écarlates, automne.
Erica carnea	◑ N (C) : 30 cm ; sous-arbuste pers. ; fl. du blanc au rose, de f. automne à d. printemps.
Hyacinthus v.c.	○ N ; 30 cm ; bulbe ; fl. blanches, bleues, roses ; d. printemps.
Iris histrioides « Major »	○ S (C) ; 10 cm ; bulbe ; fl. bleues, f. hiver, avant feu. ; résistant au climat.
Iris reticulata v.c.	○ S ; fl. bleues mouchetées d'orange, 10 cm, parf., d. printemps, avant feu. qui atteignent jusqu'à 30 cm.
Mahonia aquifolium	● N ; 1,50 m ; arbuste pers. ; fl. d'un jaune doré, parf., f. hiver ; feu. pennées, épineuses ; fr. noirs, f. été.
Narcissus asturiensis	◑ N ; 5-10 cm ; bulbe ; fl. en forme de trompettes jaunes miniatures, d. printemps.
Narcissus « February Gold »	◑ N ; 30 cm ; bulbe ; hybride du cyclamen ; fl. périanthe et trompette jaunes, d. printemps.
Primula x tommasinii	◑ N ; 15 cm ; pers. viv. ; fl. jaunes, rouges, roses, pourpres, blanches, sur hampes, d. printemps.
Viburnum tinus	● S ; 1 m ; arbuste pers. ; fl. du blanc au rose, de f. automne à d. printemps ; fr. bleu-noir, de f. été à d. automne.
Viola xi wittrockiana « Majestic Giants »	○ N ; 15 cm ; annuelle ; fl. bleues, rouges, jaunes, blanches, f. hiver.

15 FLEURS POUR POTS : PRINTEMPS ET DÉBUT DE L'ÉTÉ

Centaurea cyanus	○ N ; 60 cm ; annuelle ; fl. bleues, blanches, roses, d. été ; semailles f. automne.
Muscari armeniacum	◑ N ; 10-20 cm ; bulbe ; fl. bleu vif, bordées de blanc, m. printemps.
Narcissus triandrus « Thalia »	◑ N ; 35-50 cm ; bulbe ; fl. 2-3, blanches, pendantes, de m. à f. printemps.
Narcissus « Professor Einstein »	○ N ; 45 cm ; bulbe ; fl. périanthe blanc, large calice rouge orangé, m. printemps.
Rhododendron « Cilpinense »	◑ H (A) ; 1 m ; arbuste pers. ; fl. blanches, rose vif, m. printemps.
Rhododendron « Elizabeth »	◑ H (A) ; 1,20 m ; arbuste pers. ; fl. d'un beau rouge sombre, f. printemps.

16 FLEURS POUR POTS : ÉTÉ ET DÉBUT DE L'AUTOMNE

Agapanthus Headbourne Hybrids	○ N ; 60 cm ; cad. viv. ; fl. bleues, pourpres ou blanches, de m. à f. été ; non p.t. à 100 %.
Begonia semperflorens	◑ N ; 20 cm ; annuelle ; fl. du blanc au rouge, été ; feu. parfois bronze ; non p.t. à 100 %.
Convolvulus tricolor « Royal Enseign »	○ N ; 30 cm ; annuelle ; fl. bleu-pourpre, œil blanc et jaune, de m. été à d. automne.
Cosmos bipinnatus	○ H ; 75 cm ; annuelle ; fl. du blanc au rouge, de f. été à d. automne ; feu. plumeuses ; semailles f. printemps.
Diascia rigescens	○ N ; 50 cm ; herb. viv. ; fl. roses, de d. été à d. automne ; non p.t. à 100 %.
Fuchsia magellanica « Pumila »	○ N ; 30 cm ; arbuste nain cad. ; p. fl. écarlates et mauves ; non p.t. à 100 %.
Impatiens « Novette Mixed »	◑ H ; 15 cm ; annuelle ; fl. de différents tons, de d. été à d. automne ; non p.t. à 100 %.
Lilium auratum	○ N (A) ; 1 m ; bulbe ; fl. blanches striées de jaune et tachetées de cramoisi, f. été.
Lotus berthelotti	○ N ; sous-arbuste ; grimpe jusqu'à 60 cm ; fl. écarlates de d. été à d. automne ; feu. grises, duveteuses ; non p.t. à 100 %.
Nicotiana affinis	○ N ; 1 m ; annuelle ; fl. blanches, certaines v.c. odorantes ; non p.t. à 100 %.
Osteospermum ecklonis	○ N ; 45 cm ; viv. ; fl. semblables à la marguerite, pourpres, de d. à m. été ; feu. odorantes une fois écrasées ; non p.t. à 100 %.
Pelargonium « Princess of Wales »	○ N ; 45 cm ; sous-arbuste variété royale ; fl. roses à bords volantés avec une touche de blanc au centre ; non p.t. à 100 %.
Pelargonium peltatum	○ N ; sous-arbuste ; monte jusqu'à 1 m ; feu. semblables à celles du lierre, certaines bariolées ; fl. du blanc au rouge ; non p.t. à 100 %.
Tropaeolum majus « Alaska »	○ S ; annuelle ; s'élève jusqu'à 40 cm ; fl. du jaune au rouge ; feu. mouchetées de crème.

17 PLANTES À FEUILLAGE POUR POTS

Acer palmatum	◑ H (A) ; p. arbre ; feu. 5-7 lobées, écarlates en automne ; fl. pourprées, m. été.
Agave americana	○ S ; 1 m ; pers. viv. ; feu. plumeuses, gris-vert, épineuses ; non p.t. à 100 %.
Ballota pseudodictamnus	○ N ; ampleur de 60 cm ; arbuste pers. grimpant ; feu. rondes, jaunâtres, laineuses.
Buxus sempervirens	● S ; 1 m ; arbuste pers. ; p. feu. rondes.
Centaurea gymnocarpa	◑ N ; 75 cm ; sous-arbuste pers. ou annuel ; feu. semblables à celles de la fougère, argentées ; fl. pourpres, m. été ; non p.t. à 100 %.
Fatsia japonica « Variegata »	◑ N ; 1,50 m ; arbuste pers. ; feu. palmées, larges de 30 cm, bordées de blanc ; non p.t. à 100 %.
Hedera helix « Conglomerata »	● N ; jusqu'à 60 cm de longueur de tiges ; pers. viv. ; tr. p. feu. implantées en 2 rangées serrées ; forme une épaisseur.
Helichrysum petiolare	○ S ; jusqu'à 1 m d'ampleur ; arbuste pers. grimpant ou annuel ; feu. voilées de blanc ; non p.t. à 100 %.
Laurus nobilis	◑ N ; 1,50 m ; arbuste pers. ; à pincer de préférence ; non p.t. à 100 %.
Melianthus major	○ H ; 1,50 m ; arbuste semi-pers. ; feu. à dentelure grossière ; non p.t. à 100 %.
Pelargonium tomentosum	◑ S ; arbuste pers. grimpant ; jusqu'à 1 m ; feu. à peine lobées, duveteuses, à l'odeur de peppermint ; non p.t. à 100 %.
Phormium tenax	○ S ; 1,50 m ; feu. raides, dressées, glauques ; non p.t. à 100 %.

REMERCIEMENTS

L'éditeur remercie les organisations et photographes suivants de l'avoir aimablement autorisé à reproduire les photographies illustrant cet ouvrage : 1 Marijke Heuff (M. et Mme Dekker-Fokker, Hollande) ; 2 Marijke Heuff (M. et Mme Greve-Verhaar, Hollande) ; 8 Marijke Heuff (M. et Mme Bennekom-Scheffer, Hollande) ; 10-11 Marijke Heuff (M. et Mme Greve-Verhaar, Hollande) ; 12 Jerry Harpur (concepteur Valery Stevenson) ; 13-14 Elizabeth Whiting & Associate/Karl Dietrich Buhler ; 15 gauche, Derek Gould ; 15 droite, Jerry Harpur (Michael Branch) ; 16 gauche, Georges Lévêque ; 16 droite, Jerry Harpur (Jenkyn Place, Bentley) ; 17 Jerry Harpur (York Gate, Adel, Leeds) ; 18 Michèle Lamontagne ; 19 gauche, Linda Burgess ; 19 droite, Michèle Lamontagne ; 20-21 Tania Midgley ; 23 Harry Smith Horticultural Photographic Collection ; 24 haut, Michèle Lamontagne ; 24 bas, Ianthe Ruthven ; 25 haut, Michèle Lamontagne ; 25 bas, Jerry Harpur (concepteur Lys de Bray, Wimborne Minister) ; 26 Camera Press ; 28-29 Michèle Lamontagne ; 30 Heather Angel/Biofotos ; 31 Philippe Perdereau ; 32 gauche, Michèle Lamontagne ; 32 droite, Philippe Perdereau ; 33 et 34 Georges Lévêque ; 35 Michèle Lamontagne ; 36-37 Marijke Heuff (concepteurs Mien Ruys et Hans Veldhoen, Hollande) ; 38 Jerry Harpur ; 38-39 Michèle Lamontagne ; 40 Marijke Heuff (M. et Mme Dekker-Fokker, Hollande) ; 41-43 Michèle Lamontagne ; 44 Georges Lévêque ; 45 haut, Peter Baistow ; 45 bas, Jerry Harpur (Castle Howard) ; 46-47 Heather Angel/Biofotos ; 48 Georges Lévêque (Loup de Viane) ; 49 Jerry Harpur (Barnsley House, Glos) ; 50-51 Jerry Harpur ; 51 haut, Peter Baistow ; 51 bas, Michèle Lamontagne ; 53 Jerry Harpur (concepteur Nicholas Ridley) ; 54 gauche, Jerry Harpur ; 54 droite et 55 Michèle Lamontagne ; 56-57 Georges Lévêque ; 58 Jerry Harpur ; 58-59 Jerry Harpur (Corpusty Mill, Norfolk) ; 59 Michèle Lamontagne ; 61 Marijke Heuff (M. et Mme Greve-Verhaar, Hollande) ; 62-63 Marijke Heuff ; 64 gauche, Jerry Harpur (Peckover House, Wisbech) ; 64-65 Georges Lévêque ; 65 Marijke Heuff (M. et Mme Groosenaerts-Miedema, Hollande) ; 66 Pamla Toller/Impact Photos ; 67 Jerry Harpur ; 68 Michèle Lamontagne ; 70-71 Georges Lévêque ; 72 gauche, Jerry Harpur (Abbots Ripton) ; 72-73 Marijke Heuff (M. et Mme Dekker-Fokker, Hollande) ; 73 Jerry Harpur (Barnsley House, Glos) ; 74 Marijke Heuff (M. et Mme Gossenaerts-Miedema, Hollande) ; 75 Heather Angel/Biofotos ; 76 Jerry Harpur (Hillier et Hilton) ; 77 haut, Georges Lévêque ; 77 bas, Ardea London ; 78-79 Georges Lévêque ; 80 Jerry Harpur (Anne Dexter, Oxford) ; 80-81 Philippe Perdereau ; 81 Harry Smith Horticultural Photographic Collection ; 82 gauche, Michèle Lamontagne ; 82 droite, Philippe Perdereau ; 83 Marijke Heuff (M. et Mme Greve-Verhaar, Hollande) ; 84 gauche, Valerie Finnis ; 84 droite, Michèle Lamontagne ; 85 Georges Lévêque ; 86 Marijke Heuff (Mien Ruys Dedemsvaart, Hollande) ; 88-89 Clive Boursnell ; 90 haut, Jerry Harpur (Barnsley House, Glos) ; 90 bas, Marijke Heuff (M. et Mme Dekker-Fokker, Hollande) ; 91 Michèle Lamontagne ; 93 Marijke Heuff (Giardini Walda Pairon, Belgique) ; 95 Marijke Heuff (M. et Mme Nieuwen Huys, Hollande) ; 96-97, 98 et 99 gauche, Michèle Lamontagne ; 99 droite, Marijke Heuff (M. et Mme Bennekom-Scheffer, Hollande) ; 100 Heather Angel/Biofotos ; 101 et 102 Philippe Perdereau ; 103 haut, Georges Lévêque ; 103 bas, Michèle Lamontagne ; 104 Marijke Heuff ; 106-107 Marijke Heuff (M. et Mme Poley-Bom, Hollande) ; 109 haut gauche, Philippe Perdereau ; 109 haut droite, Jerry Harpur (Hall Place, Leigh, Kent) ; 109 bas, Marijke Heuff (M. et Mme Brinkworth-Makeham, Hollande) ; 110 Georges Lévêque ; 111 Clive Boursnell ; 112-113, 114-115 et 117 haut, Georges Lévêque ; 117 bas, Pat Hunt ; 118 Philippe Perdereau ; 119 Marijke Heuff (M. et Mme Brinkworth-Makeham, Hollande) ; 120-121 Jerry Harpur ; 122 Georges Lévêque ; 123 Philippe Perdereau (Dedemsvaart) ; 124 haut gauche, Georges Lévêque ; 124 haut droite, Jerry Harpur (Bampton Manor) ; 124 bas, Jerry Harpur (Great Comp, Kent) ; 126 droite, Michèle Lamontagne ; 126 gauche, Georges Lévêque ; 127 Philippe Perdereau ; 128-129 Heather Angel/Biofotos ; 130 Peter Baistow ; 131 Marijke Heuff (M. Korpadi) ; 132-133 Georges Lévêque ; 135 Jerry Harpur (concepteur Alan Titchmarsh) ; 136 Linda Burgess ; 137 gauche, Marijke Heuff (concepteur Yak Ritzen) ; 137 droite, Michèle Lamontagne.

INDEX

Les numéros de page en *italique* se rapportent aux illustrations et légendes.